唐文红 著

所遇美好
皆教育

大夏书系·教育新思考

华东师范大学出版社
全国百佳图书出版单位
·上海·

目　录

001　序　教育可以如此美好

上编　美好之思：教育何为

003　教育何为
009　为与不为
018　何谓美好教育
021　教育，怎么让生命美好
028　个性、天性、人性
033　生命、生活、生趣
038　遵循常识，创造奇迹
044　每一个学生就是整个学校
047　爱，不要太满
052　天地容我"懒"
057　香港基础教育印象

中编　美好之行：看见孩子

065　"看见孩子"的三重境界

071　卓越的校长育"神"

079　管理者的"六脉神剑"

085　美好教育的创造者

090　自然的力量

094　教会孩子浪费时间

098　认真对待玩耍

105　春天来了，我们去春游吧

108　请记住学生的名字

111　我们站着，不说话，就十分美好

117　玉兰花开，优雅绽放

122　这个清晨，你笑起来真好看

下编　美好之智：一起成长

131　我们，一起成长

138　学校管理的三重境界

143　成语里的管理智慧

149　向建筑师学当校长

153　像设计师一样做校长

158　"五Ⅰ"教学：看见生命成长

165　打通知识的"小房间"

171　少则得，多则惑

174　作业破冰，学生乐起来

181　行之苟有恒，久久自芬芳

188　学校，请多给教育仪式感

193　**附录　美好之访**

193　美好的教育是怎样的
206　友好校园，美好教育

217　**后记　感恩所有美好的遇见**

序

教育可以如此美好

人民教育家陶行知十分感慨地认为:"校长是一个学校的灵魂。学校的好坏和校长最有关系,一个好校长就是一所好学校。"苏霍姆林斯基更是断言:"有怎样的校长,就有怎样的学校。"

的确,回望一所好学校,往往是跟一位堪称杰出的好校长联系在一起的。一位好校长,对教育理想有自己的诉求,通过对教育理想的躬亲实践,将教育的本质带入当下,带入学校生活的日常。

能够积极完成教育理想向现实校园的转化,这是对"什么是好校长"最有力量的回答。

深圳市龙岗区外国语学校(以下简称"龙外")的唐文红校长,在全国率先提出并践行"美好教育"思想,她的理想是"教育,让生命更美好""办一所

有美好记忆的学校"。我曾有幸两次到访这所"美好"学校,如果你认同教育是灵魂影响灵魂的事业,那么你一定会被这片充满生命力和文化感染力的乐园感动。

什么是好的教育?你能够在龙外找到具体而生动的答案。

好的教育能唤起人们对美好事物的欲求。龙外的空间环境自有它的美学追求:国际味、书香味、人情味。每一栋建筑、每一处景观都带上浓厚的文化色彩:天圆地方、在兹堂、无境轩、半亩塘、三角地、益清馆、翠微、寸草、觉浅、听香……一个个温暖的名字,一处处优雅的景致,浸润人们的生命,激活我们感受世界、体验美好、孕育心灵的能力。龙外呈现给学生的美好事物不只是这些富含文化意蕴的空间环境,那些发生在人与人之间相互激励的活动,使得美好事物真正具备了温润人性的力量。美好教育以"看见孩子"为出发点,力行顺应天性、培育人性、激励个性的教育活动,学校的"玉兰花"课程体系、"五I"教学、"三雅"德育、"全球移动"课堂、期末"乐考"等,这些每天发生在师生之间、生生之间的美好事物,影响人、激励人、成全人。走在龙外校园,美好事物随时随地可看见,我自然而然地涌现了对美好事物的热爱,美好的体验在心间顿时鲜活起来。难怪前来参观的家长感慨:"这是我想要的学校。"

好的教育能引导激励个体生命的自我成长。《所遇美好皆教育》一书中最令我感动的文章是:《教育,怎么让生命美好》《每一个学生就是整个学校》《请记住学生的名字》等。唐文红校长立志办一所真正属于学生的学校,为学生提供一切有利于成长、成才的环境,使学生成为学校真正的主人。"十大主题月",给每个学生提供展示的平台;把教师办公室设置在离学生最近的地方,尽可能多地创造机会与学生接触;设定"私服日""闲暇日""草坪零食会"等趣味性、参与性课程,让学校变成孩子的"秀场"和"乐园"……对于教师队伍的培养,龙外提出教师十条美好密码,其中第一条便是:做职业尊严和欢乐的享受者。在美好教育的引导和激励下,每一位龙外教师都是美好教育的创造者、传播者。学校的中心始终是人,师生能充分发挥自我成长的主观能动性,学校蓬勃发展的精神气象自然形成。

好的教育是让教育从当下走向未来。和唐文红校长交谈,她温和而坚定地对我说:一生要为一件大事而来,我的大事就是"美好教育",就是办好"龙外"。这种对自己心仪的教育理想充满豪情壮志,就是教育家办学的可贵精神。她为美好教育而思,为美好教育而行,为美好教育而存在,成为好教育的探索者、实践者、见证者。听闻龙外开办六年后,政府高度肯定龙外的办学业绩,现已发展为龙岗区第一个义务教育集团,形成"一本部六校区"格局。我充分相信,"美好龙外"的教育教学成果能够复制到新学校,美好教育也一定能在成员学校落地生根。美好教育就是一束光,不仅让龙外发出耀眼的亮光,也能为当下的中国教育提供光和热。

湖南师大原校长张楚廷先生提出"期望我们的课程更美好,教学更美好,受过教育的人们确实因教育变得更加美好",唐文红校长的"美好教育"由此生根发芽,成为她的教育理想。朱永新先生曾对我说:"我们之所以需要教育,是因为我们相信教育能够把人类带向美好。我们之所以用心去做教育,是因为我们相信每个生命都是朝向美好的。"这份精神的相遇,让我再次坚信,美好教育的梦想不仅属于我,属于唐文红校长,也属于读到这本书的你,属于脚下这片土地,属于未来的人们。

唐文红校长把"把整个心灵献给孩子",我们今天的时代,需要一大批以教育为理想的校长,引领更大一群以教育为理想的教师,以成全学生美好生命为己任,创造国家崭新的未来。

是为序。

刘铁芳

2021 年 3 月于长沙

上编

美好之思：教育何为

行成于思，毁于随。教育无处不有，无时不在。作为专业的教育人，我们既要在教育生活中积极思考教育为何，教育何为，也要时刻反思我们是否在坚持教育的初心，是否为孩子们提供了他们所需要的教育。

教育何为

在人的生命历程中,教育无处不在,教育者也随处可见。作为专业的教育者,教育何为,需要我们认真思考和回答。

200多年前,一位名叫特鲁多的美国医生在他的墓志铭上刻下了这样的行医格言:"有时去治愈,常常去帮助,总是去安慰。"(To Cure Sometimes, To Relieve Often, To Comfort Always.)他告诉人们,即使面对无计可施的病人,医生都要尽力关爱——医学救治是一种对人性关怀和传递爱的过程。

如同医生,教师面对的也是生命,医生救治身体,教师塑造灵魂。受到特鲁多医生的启发,我把他的医学格言融为自己的教育思考:有时去传授,常常去力行,总是去关怀。

有时去传授,授"会学"之道

《说文解字》云:"教,上所施,下所效也。"又云:"育者,养子使作善也。"上就是施教者,下就是受教者;育指向生命,让生命化育无限可能。"教育"一词在西方源于拉丁文"educate",本义为"引出"或"导出",意思是通过一定的手段,把潜藏于心灵内部的东西引发出来。中西方对"教育"一词的解释都侧重自内而外的引导。

有时去传授，而不是灌输。古希腊先哲苏格拉底指出，求知是每个人灵魂里固有的能力，如果把灵魂里原本没有的知识灌输到灵魂里，就好像把视力放进瞎子的眼睛里去。这段话启示我们，教育更重要的是从心灵深处唤醒孩子沉睡的自我意识，促使孩子生命的觉醒，以实现对生命意义的自觉建构。我们讲智育，要发展好奇心，培育学生理性思考的能力，而不是灌输知识，正如深圳市龙岗区外国语学校（以下简称"龙外"）的"五I"美好教学，教师会在课堂中巧妙渗透信息、兴趣、质疑、方法和智慧等五要素；我们讲德育，是要鼓励崇高的精神追求，而不是灌输规范，龙外"三雅"德育，注重优化育人氛围，开展主题活动，营造德育之"场"，激发德育之"情"；我们讲美育，是要培育丰富的灵魂，而不是灌输技艺；我们打造"三味"美好校园，就是要使师生在不知不觉中受到校园环境的熏陶，引发心理和行为的变化，达到"以文化人"的教育功能。

有时去传授，是变"学会"为"会学"。叶圣陶先生指出："教是为了不教。""教师当然须教，而尤宜致力于'导'。"教，重点不仅是传授知识，更是启发、引导、培养能力；不教，是在教师的引导训练下，学生拥有自学的能力，也就是让学生变"学会"为"会学"。台湾"师铎奖"获得者李玉贵老师说："一个好的课堂，上着上着老师就不见了。"最好的课堂，就是学生"会学"的课堂。学习是一种默会知识，要通过学生的自学、自悟才能得到提升。"须臾不离道，须臾不离人，须臾不离本"，我总是引导龙外教师重视"生本"课堂,就是这个道理。教师的课堂教学不是看老师表演得如何,而是要把重心落到学生主体上,看学生学得怎么样。教师更应该在教学中发挥"导"的作用,给学生更多的反思空间,培养学生自主、合作、探究的学习能力,使学生真正成为学习的主体。

常常去力行,行不言之教

教育的最高境界是什么?中外圣哲皆给出了答案。老子曰:"处无为之事,行不言之教。"孔子曰:"其身正,不令而行;其身不正,虽令不从。"法国启蒙思想家卢梭说过:"最好的教育就是无所作为的教育,孩子们看不到教育的发生,却实实在在地影响着他们的心灵——这才是最好的教育,优秀的教育者是靠行动去影响人、感染人。"

常常去力行,把自己变成美好的磁场。清华大学原校长梅贻琦说:"学校犹水也,师生犹鱼也,其行动游泳也,大鱼前导,小鱼尾随,是从游也,从游既久,其濡染观摩之效,自不求而至,不为而成。"教育功效莫不如此,做好自己,把自己变成美好的磁场,外界会因你而慢慢改变。"德高为师,身正为范",教师的魅力是一种不可或缺的教育力量。教育不是灌输,不是说教,更不是冰冷的压制,而是基于孩子独特的人格去发现、唤醒、影响他们。优秀的教师会站在学生的角度思考问题,通过身教影响学生,潜移默化地完成对学生人格的塑造。在龙外,几乎每一个上学的日子,我都会和行政值日老师一起在校门口迎接同学们入校。学生入校时,我们会主动报以亲切的微笑、温暖的问候。这种自然的热情往往会让学生驻足问候老师,师生相互问好的画面温馨而美好。有些行为规范不需要反复去讲,你站在那里,静默而温和的教育最容易让人心领神会。

常常去力行,追求教育无痕的艺术。大德无形,大教无痕。正如苏霍姆林斯基所说:"任何一种教育现象,孩子在其中越少感觉到教育者的意图,它的教育效果就越大。"教育无痕,展现的不仅仅是教育的技巧,更是教育的魅力,外在的"无痕"恰恰能在学生心中刻下"有痕"。一个不经意的注视,一次看似简单的关心,一句不露痕迹的暗示……都会引起学生心灵的颤动;每一次心灵的触动,都可能是一个美好的成长故事。这种触发情感交融的教育,如春风化雨,在润物无声中孕育和滋润着生命。龙外的彭伟基老师,担任班主任时坚持写班级日志,记录学生的点滴成长。在她的影响下,学生也有自己的课堂记录、人生规划、成长日志,有同学甚至想手写班级历史。爱的行动不会白费,教师种下爱的种子,不经意间,已经在学生的心田生根发芽。

总是去关怀,怀生命慈悲

教育是人的教育,一段教育历程,便是一段生命历程。教育的本质就是一种深切的生命关怀。这种关怀,既是对学生自然生命的关怀,也是对学生精神生命的关怀;既是对学生当下生命的关怀,也是对学生未来生命的关怀;既是对学生个体生命的关怀,也是对学生群体生命的关怀。

总是去关怀，要有"人"的宽度。没有比见证生命的成长更美好的事情了，教育的本质就是帮助孩子在未来的生活中更成功地寻求幸福。"学生"只是他们的暂时角色，"人"却是他们永远的身份。做老师，最重要的是看你能否激发学生生命成长的力量，能否指引他的人生方向，既要全面了解学生的过去和今天，又要为学生指引通往明天的道路和方向，要让他们身心健康地成长。"讲到美好老师，我就立马换位思考，如果我是学生……我希望通过她的眼睛，看到更大的世界。"这是龙外开展"定义龙外教师"征集活动时一位老师的"心声"。真正的师生关系不只是"缘"而已，更多的是"生命联结"，一个生命影响生命的旅程。

总是去关怀，要有"爱"的温度。帮助学生找到自己、发现自己、成为自己，做最好的自己。"教室里的每一个小孩，是一棵树，是珍贵的生命，是夜空中飞翔的萤火虫，是运转的星星……他们都有自己的生命。"教师要信任和尊重每一个生命，要使自我的精神世界与学生的精神世界共生共长。只有这样，我们才会悦纳每一位学生，给予他们慈悲和守望，帮助他们找到生命成长的力量。"我喜欢蹲下来听孩子说话。""爱学生，就要给他们提供最好的，而只有真心的付出才是真爱，才是成全。"……这些从龙外老师嘴里不经意间说出的话，背后每一个关于爱的故事都格外让人动容。比如，彭伟基老师分享过她与"百宝箱"的故事：在孩子们抽取礼物的一个小盒子里面，有几样特别的礼物——孩子们的照片（照片上手写她想对他们所说的话）、女孩扎头发的头绳（寓意像橡皮筋一样能屈能伸）、橡皮擦（寓意犯错很正常，但是可以改正的）、放大镜（寓意用放大镜看自己和周围人的闪光点）。特殊的心意，别样的礼物，传递的是浓郁的、充满教育意义的爱：尊重与信任、包容与理解、热爱与关心。

"有时去传授，常常去力行，总是去关怀"，这是我对"教育何为"的思考和回答。

为与不为

龙外的校园里，种植最多的树木便是玉兰和香樟。

玉兰树是龙外的校树。诗人屈原在《离骚》中这样描述："朝饮木兰之坠露兮，夕餐秋菊之落英。"诗人清晨饮木兰坠下的露水，晚上吃秋菊落下的花瓣。玉兰和秋菊在中国文化里都象征着高洁品质。

如此高洁品质，自然深得龙外人的喜爱。

每到一年春好处，白玉兰花开满树，校园芳香四溢，美好不期而至。

相对玉兰树的秀美，校园的香樟树更显挺拔。

香樟树又名长寿之树，既有吉祥之寓意，又象征坚韧之精神。她枝叶茂密，冠如华伞，芳香幽长。

龙外校园里有一棵树龄近50年的香樟树，高耸在校训石旁，成为校园一道美丽的风景。

平日里，我巡查校园，会特别留意这棵香樟树，为她的自然生长状态感到欣喜。

2018年，台风"山竹"把这棵香樟树吹歪了。

学校的花工建议，在香樟树旁固定一个木桩，另外还要拉铁丝，通过外力把吹歪的树扶正。

我听从了花工的建议，慢慢地，香樟树愈长愈直挺。

2020年春天，这棵树长了好多新枝叶。向阳的那边，枝叶越长越茂盛，背阴的那边长势却没那么喜人，枝叶稀疏许多。

花工再一次向我建议，把茂盛一边的枝叶砍掉。

我犹豫了，不想破坏香樟树的自然生长，但看着倾斜的树枝越来越不对称，也采纳了花工的建议。

修剪的头一个月，香樟树看起来很秃，确实不美。一个月后，枝形越来越平衡，也越来越好看。修正后的香樟树仿佛有了更加旺盛的生长力量。

树木的生长，有时顺其自然，有时又要修枝剪叶。人的成长不是跟树木的生长一样吗？有所为，亦有所不为。

教育不为：遵其道，顺其自然

"不为"即"无为"。何谓"无为"？老子说："以辅万物之自然，不敢为。"天地无人推而自行，日月无人燃而自明，星辰无人列而自序，禽兽无人造而自生，此乃自然为之也，何劳人为乎？

"无为"意在遵循万物的本质、规律，而不妄加干预。这给我诸多启迪。教育实践中，如何做到"无为"？

一曰，尊重生命的内生动力。美国思想家梭罗这样定义"教育"：如果你在地里挖一方池塘，很快就会有水鸟、两栖动物及各种鱼类，还会有常见的水生植物，如百合等。你一旦挖好池塘,自然就开始往里面填东西。尽管你也许没有看见种子是如何、何时落到那里的,自然看着它呢。

自然赋予每个生命自我成长的神奇力量。龙外四年级的学生润杰,对学习提不起劲儿,但号召力强。个性十足的他,手工了得,天天带着班里的一群男同学聊《我的世界》,手工折出来的立体人物栩栩如生,还在班级里公开售卖,竟还有同学心甘情愿花巨资来买。

老师与他谈话、让他写检讨、请家长……不仅不奏效,还适得其反,孩子的脾气越来越大,不知让多少老师谈"杰"色变。

转变方式,与其"围堵",不如顺势利导。后来,级长把他安排到手工折纸社团,成为该社团唯一一名男孩。来到这里,润杰如蛟龙得水,沉醉于折纸艺术,一有空余时间,就往手工社团里钻。学校艺术节美术作品展上,他的众多作品被放在C位展出,好评不断,他也成为班里孩子追捧的偶像。慢慢地,润杰由内而外发生着巨大的改变。"偶像"的美好人设,让他开始"装"着认真听课,"装"着当其他粉丝的小师父……如今,他已经上五年级了。也许润杰早已忘记四年级之前他是怎样一种状态,而这种"装"已经成为一种常态、一种习惯。"装着装着就像了,装着装着就是了",这种自觉的"装"的背后,其实就是自我成长的力量被唤醒的过程。

"人无有不善"(孟子语),教育真正要做的,就是挖一方美妙的池塘,引一汪澄清的湖水,然后静静等待"奇迹"的发生。

电影《侏罗纪公园》里有一句经典的台词:"生命会自己找到出口。"的确,在宇宙中,生命是最神奇而不可思议的,每个生命都有自己的内生动力，当内生动力被激发，便会有不可思议的改变，即奇迹。

二曰，尊重生命的节律。《史记·太史公自序》有言："夫春生夏长，秋收冬藏，此天道之大经也。弗顺则无以为天下纲纪。""万物皆有时"，教育要"适于其时"，尊重儿童生长节律，认真了解与研究，满足儿童生长的需要。庄稼要成熟，必须经过四季的洗礼。一个人的成长，也要经过一个过程。

以智力发展为例。不同的科目和学习方式应在学生的智力发育达到适当的阶段时采用。

龙外"久久语文"课程习字板块，一年级新生以画线条练习为开端，继之注重笔画训练，有一定的基础后指导其描红，端正书写之姿。中高年级侧重楷书训练，在用笔、结体、章法三个方面着力，追求艺术效果，领悟书法之美。若没有这样的循序渐进，久久为功，难免适得其反。

再引心理健康教育为例。龙外初中部结合学生心理特点与实际需求，着力创设"生涯教育"及"品质教育"课程，由点及面地铺开学生心理、学业、理想、生涯和生活等方面的指导工作，助力学生学会适应、学会学习、学会生活。此外，还着力创设接纳、欣赏、开放、多元、温暖的校园与班级外部环境与群体氛围，重点培养学生的美德与积极心理品质。小学部则聚焦"生命教育"，以此为抓手，围绕生命的长、宽、高，开展富有生命情怀的"三生"教育活动，促使学生学会生存、热爱生命、调适情绪、积极生活，奠基幸福人生……

以汩汩向前的长河为生命的长度作注，每个生命都是长河中渺小的摆渡人，用看似漫长的一生为自己摆渡，有时候难免忽略：变化无穷的河水时而急湍，时而只是缓缓慢流。尊重生命成长节律，就是带着次序的意识摆渡，在急湍时巧妙过关，在漫流中缓缓前进。按照深浅前后的一定规律，有意识地衡量成长的宽度，适时、适地、适度，才能适情、适理。

三曰，尊重学生的独特个性。孩子是一颗蕴含生命力的种子，心灵有自己的独特形式，成长也有自己独特的方式。

龙外五年级学生小钧聪明、内敛，但情绪控制差，若与同学发生小矛盾或老师稍有批评，便会歇斯底里，大哭不止，一发不可收拾。

一次语文公开课上，老师教授《观潮》，引导学生想象潮来时的画面，叫了不少积极举手的孩子回答问题，答案基本在意料之中。小钧听得眉头紧锁，一只手似举非举，老师看到此情景，便试着请他来回答。他站直身子，先评价了其他同学的发言，再来分享自己想象的画面，角度清奇，让听课的师生为之一震！这等天赋，非常人所有。

于是，教师以此为契机，聘请他为语文课上的总结发言人。所有同学的回答，由他来总结、升华，俨然成为一名"小老师"。学习上的充分自信，让这个孩子找到成长的喜悦感，情绪也越来越稳定，整个生命状态越来越好。

每个孩子都是鲜活的个体，需要我们了解、尊重，并加以恰当地引导。"道常无为而无不为"，只有无为，方能无不为。教育无为不是听之任之，而是要遵守"道"，为孩子创造适合的场域，在遵循规律、尊重法则、顺应天性的基础上，给予孩子切实的指导，帮助孩子成为最好的自己。

教育有为：导其行，积极作为

生命的主体性以天赋为起点，以后天的教育为终点，需要教育力量的介入和引导。正如龙外校训石旁的那棵香樟树，我们不会对它的自然成长过程过多关注和干涉，但当它的生长出现问题或者需要帮助时，花工的及时干预就非常适宜。那么，教育如何"干预"呢？

一曰，示范，正其身。诗人叶芝说："教育不是把桶填满，而是点亮希望。"教师要做灯塔，通过塑造自身的形象，为孩子们树立示范，用自己的光亮影响孩子们。切记，师者的一言一行都会给孩子带来极大的影响：秀丽的板书，激励学生用心临摹；深情的吟诵，带动学生摇头晃脑；严谨的治学，在学生心田播撒科学的种子。

教育的唤醒与鼓舞也许就在一瞬之间。我校语文老师龙桂花这样写道：

当语文在自己身上烙下了印记，文字便有更大的力量浸润孩子们。"生活处处是语文"的真实含义远胜它的字符意义，正如我相信文学与文字有属于每一个时代的浪漫，孩子们如教育学家斯宾塞所说的那样，"寻觅到属于自己的语言"。经常与孩子们分享读书心得，久而久之，孩子们的读书体会也愿意与你聊。用身边小事联系所读文章，久而久之，他人的文字融于生活的细节，生活的细节又转化为孩子们的文字。

示范的作用也许如灯塔的光，有微弱的时候，但它永远屹立。走进图书馆，学生会这样说，"这本书好像老师提过……"书籍以"润物细无声"的方式进入孩子的生命，引领他们成长，教育"正其身"的意义就在这里。

二曰，赋能，助其行。紫藤萝毫无依附，只能在地面蓬生，给其搭一支架，便可攀缘而上，生机勃发，如瀑布般的淡紫色花从空中垂下，不见其发端，也不见其终极，香远益清。教育为孩子们赋能，就是为其提供一个更好生长的"支架"。

赋能是一个积极心理学名词，它旨在通过环境影响、自我认知、教学体验等，给予他人成就自己的能量，最大限度地发现成长的意义和自身的潜能。教育当为学生赋能。

很多人推崇赏识教育，这也是教育可以赋能的有力例证。学生的数学计算作业小有进步，教师批语："你是一个有着极强计算能力的学生，再加努力，必定可以成为我们班的'数学小王子'。"学生写出一篇颇有文采的习作，教师在班级朗读，并加以点评："小小年纪便有如此灵动的文字，笔耕不辍，假以时日，可以比肩作家。"

学校 LED 宣传屏、班级展示栏、班级美篇、教师公众号等众多平台也可为学生赋能。龙外的"十大主题月""闯关乐园"期末考、项目式学习等活动，能给学生的成长提供更多的可能。

当教师有意识地创设条件，让学生认识自我、展示自我，并在日常教学中引导学生学会规划时,最终,那被赋予的能力是融为自主学习、自我成长的能力,被赋予的能量则是对学习、生命的热爱。

三曰,纠偏,长其智。香樟木长势不佳,所以在其旁逸斜出时及时修正,助其步入正确的生长轨迹,此举与教育的纠偏功能何其类似。

"蓬生麻中,不扶自直。"龙外有优良的育人土壤,孩子们在这里熏陶濡染,成长必然多了正确的方向,但也并非所有孩子都能在成长的关键时刻找准方向,这时候,教育就该发挥其纠偏作用。

一学生爱阅读,痴迷到废寝忘食的地步,不论上什么课,都变着法子偷偷看,语文成绩拔尖,但其他科目大受影响,在及格线徘徊。教师平时观察发现,这位学生异常倔强、叛逆,稍有不慎,激起消极情绪不说,还极有可能打消他的阅读热情。这时候,施以正面引导就显得尤为重要。与其谈心交流是第一步,为其搭建展示的平台是第二步,助其约束自我是第三步。为这个学生私人定制的"三步走"成效显著,该学生的阅读热情不减,各科成绩提升很快。"清风扶细流,甘霖润禾秧",教师在学生成长阶段的"扶一扶""导一导",就是当为之事。

四曰,立德,养其心。青少年阶段,学生不善于自我审视,往往难以做到笃其行、善其身,如香樟木,只管扎根生长,而忽略了平衡的要义。教育仅仅赋予学生知识、技能是不够的,还需要培养他们正确的"三观",围绕育人之核心价值"养心",方能助其更好地成长、成人。

龙外的美好教育，以向善、向美为依归，致力于唤醒生命的良知。全校师生用爱的情怀构筑龙外的精神底色，秉承人性美好，春风细雨，润物当时。

教育的为与不为，都有其合理的道理。教育无为，其实是保留了所有为的可能性；教育有为，其实是在无为的基础上，使每个人的天性得到自由舒展。

何谓美好教育

"期望我们的课程更美好,教学更美好,受过教育的人们确实因教育变得更加美好!"

这句话是我在张楚廷先生《课程与教学哲学》一书中读到的。当时看到,心弦一动。于教育而言,没有比"美好"更美好的词。"美好教育"就这样在我心中生根发芽,成为我生命的一部分。

自2010年提出"美好教育"的主张,常有同行问:"何谓美好教育?"

这些年,我不断思考、探索,在实践中提炼出"美好教育"的"四将""三性":将尊重天性作为教育的起点,将培育人性作为教育的核心,将生活能力作为教育的基石,将美好生活作为教育的价值导向;顺应天性,培育人性,发展个性。

对此,我很是自得了一阵子。

直到今天,听一个朋友讲述发生在他身上的故事,我才发觉,美好教育还可以有更朴素、更有力的表达。

我的朋友是一位成功人士。坐在他面前,见他的头发一丝不乱,皮鞋一尘不染,我无法想象,眼前温文尔雅、谦谦君子的他，小时候会是全村最令人讨厌的孩子。

被讨厌到什么程度呢？他告诉我，在他只是三年级的孩子时，提起他，全村人都唯恐避之不及，因为在一团和气、人人讨吉利的大年初一，他偏偏要说脏话。

大人们认为他无可救药，顽劣、邋遢，甚至被大孩子按在地下吃过狗屎。他也就自暴自弃，混混沌沌地熬着日子，直到那年春天。

他至今仍记忆犹新。那是个春风和煦的日子，他在田里干活，远远地看到村道上来了个骑着红色单车的人。那是个戴着白帽、穿着蓝色衣服的年轻女子。在春天的微风里骑车经过的她，衣袂翩翩，像仙女下凡。他站在地里，呆了好一阵子，心里默默地念叨：简直就像画一样，世上竟有这么美的画！

命运开始神奇般地眷顾他。这个年轻女子是新来的老师，教他们班，还做了班主任。

新老师的美，不止在外表。窗户破烂，新老师会贴上漂亮的窗花；教室简陋，新老师会摘来绚丽的野花……

从此以后，他的脸上、手上不再有污垢，衣服不再邋遢。他把红领巾戴得最整齐，上课的时候也最认真……后来，他越发勤奋，每天都很早起床，刷完牙开始读书了鸡才打鸣。再后来，他跳了级、上了大学，成了村里人引以为傲的榜样。村里人都说，养孩子就要养像他这样的。

美好的一切都是互通的。眼睛里看到的事物让他感觉到美好，继而促动了他自我美好意识的萌生，由意识萌生到精神觉醒再到自觉追求，这是一种很美妙的体验。正如刘铁芳教授在《什么是好的教育》一书中描述的那样："教育的灵魂就是引导着人不断地去欲求着美好事物，以个体心灵中不断萌生的对美好事物的欲求来激励、引导个体生命的自我成长。"

聊天中，回顾那段成长岁月，他深有感触地说："教育真的很美好，她唤醒了我。"

是的，唤醒！

每个孩子的灵魂中潜藏着善美、智慧的种子，一旦从内心深处唤醒孩子沉睡的生命意识、自我意识，孩子就会有强大的内在动力和创造力，实现自我生命意义的自觉自由建构。正如印度哲学家克里希那穆提所言："教育的意义在于唤醒智慧，培养自由而完整的人。"

如何唤醒？

不是外在的命令、灌输、强制、控制、指责、羞辱乃至扼杀，而是激发、引导、点燃；是师者的陪伴、示范，是"大鱼带小鱼"，做学生生命成长的范本；是尊重、相信、赏识，给人温暖和包容；是恩慈和守望，是激励、鼓舞，给人信心和力量。

美好教育是善良的、温暖的，正面的、积极的。在这样充满温情、理解、爱护、包容的教育氛围中，孩子用他所有的生命力用心地构建自己。他懂得责任、尊重和仁爱，拥有愿望、热情与能力，向往、追求美好。

感谢我的这位朋友。再有人问起："何谓美好教育？"我会告诉他，美好教育就是唤醒每个孩子内心深处真善美的东西，唤醒生命的原动力！

教育，怎么让生命美好

——"了解每一根头发的想法"引发的思考

天气渐热，头发愈长，我像往常一样走进阿其的理发工作室。

我与阿其相识近十年，他对我的发型要求了如指掌，但每次理发前，他都会和我天南海北地聊一会儿，才开始拿起剪刀理发。

阿其的手像一条绸带划过我的头顶，剪刀若即若离，宛如蜻蜓点水，又好似春风拂过水面。他时而停下来认真地端详每一根头发，好像在与它们对话，整套动作似绘画，又像雕刻。这哪里是理发，简直是艺术创作，不然他怎么如此沉醉。

我忍不住夸奖道："你真是一位与众不同的理发师！"

他不假思索地回应道："做一个理发师很容易，只需要记住几个固定的模板去剪就可以了。但我不想做那样的'机器'，会观察每个顾客的特征，倾听他们的需求，尝试了解每一根头发的想法，顺着每一根头发的走向，最后给顾客剪出一个理想的发型。"

"了解每一根头发的想法"，听到这句话，我心里一震。

他这样对待每一个顾客，让我对他的职业修养肃然起敬，也让我对教书育人有了新的思考。

理发师和教师有很多相似之处：在古代，这两个职业都是匠人，一个是剃头匠，一个是教书匠，说明两个职业都需要匠人精神，在工作中都应该"独具匠心"；理发师遵循"以顾客为中心，因人而异"的宗旨，教师育人也渗透着"以学生为中心，因材施教"的理念；在职业目标和理想上，理发师和教师都对美好有着执着的追求，理发师通过修饰造型，使顾客的外貌变得更美好，老师通过传道授业，让学生的生命变得更美好。

有人写下这样的句子来赞美理发师："操世上头等大事，理人间万缕青丝；虽只是毫末技艺，却依然顶上功夫。"如果说理发师是人类外形的改造师，那么说教师是"人类灵魂的工程师"真的是再恰当不过。理发师要了解每一根头发的想法，老师不是更应该了解每一个学生的想法吗，让每个生命变得更美好！

用心观察，发现学生个性特点

理发师从顾客进店到理发完成的过程中都需要具备敏锐的观察力，观察顾客的年龄、长相、胖瘦、高矮、头型、脸型、气质等，然后根据这些特征给出相应的修剪建议。对教师来说，世界上没有两片完全相同的叶子，每个孩子都是独立的个体，家庭背景、天赋秉性、性格特征、生活经历、思维方式完全不一样。我们要用心观察每个学生的个性特点，不要有"满园花开才是春"的观念，而要怀有"水陆草木之花，可爱者甚蕃"的心态，深入了解和关爱每一个学生。

教书育人不是工厂的批量化生产,而是玉雕师的匠心雕刻,要充分利用每一块璞玉的特点,达到化腐朽为神奇的效果。陶行知先生说:"教育人和种花木一样,首先要认识花木的特点,区别不同情况,给以施肥、浇水和培养,这叫因材施教。"

龙外有个小女孩叫小玲,学习态度懒散,学习习惯、生活习惯都不理想,一直以来不被肯定,但她的自尊心很强,极想获得关注与认可。一次,我在足球场上见识到了她的飒爽英姿,发现了她的特长,也从她坚毅的眼神中看出一种渴望。后来,龙外举办"致美杯"足球赛,我鼓励她参加,小玲表现得极为出色。因为她的几次关键性扑救,扭转局面,班级因此获得冠军,小玲在众人的喝彩和欢呼声中也收获了自信。

每个孩子都有自己的闪光点,我们要用心观察,为不同的孩子搭建个性发展的平台,提供天性发展的沃土,让他们成为更好的自己。

耐心倾听,了解学生真实想法

赏识教育倡导者周弘曾经说过:"教育的本质就是让孩子的心灵看到生命的光明,为孩子建立一个心灵的家园,然后再为孩子点一盏心灵的灯。"真正的教育不仅是一个灵魂推动另一个灵魂,也是一个灵魂去理解另一个灵魂,这个过程需要耐心倾听。倾听是一种带着爱意说话的能力。当我们学会倾听,才能了解学生真实的想法,更好地帮助他们成长,就像理发师在理发前必须倾听顾客对头发的要求，了解他们真实的想法，才能剪出理想的发型一样。

日常生活中，我们总能听到成人诉苦："我们已经尽了最大的努力，我们爱孩子，愿意为孩子而牺牲自己。"听起来似乎感天动地，但说出这些话的成人其实并没有站在孩子的角度了解他们真实的想法和需求。

龙外学生小雅一直有一个梦想：去香港迪士尼玩一次。可是她的父母都是军人，去香港要经过层层审批，计划一再搁浅。小雅因为这件事总是闷闷不乐，她的妈妈说："她越来越不理解我们，我有时候都不知道怎么教育她。"后来，通过与小雅谈心，班主任倾听了她内心的真实想法。原来，孩子的父母因为工作关系常常不在家，小雅缺少父母的陪伴，坚持要去香港迪士尼，只是想让父母多关注一下自己。了解到学生的真实想法后，班主任建议小雅父母无论多忙，周末都要抽出半天时间陪陪孩子，让她感受到家庭的温馨和父母的关爱。我们发现，他们的亲子关系逐渐好转，孩子在周末日记中写道："妈妈说以前太忙了，忽视了我，以后爸爸妈妈要多陪陪我。每个周末，我们一家都会一起去大运公园散步。"字里行间，流淌着孩子内心的幸福。

《小王子》里有一句令人振聋发聩的话："所有的大人曾经都是小孩，只是他们大多忘记了！"蒙台梭利在《童年的秘密》中总结了成人与孩子冲突的原因：成人没有真正理解孩子，只关心孩子的身体需要，常常忽视他们的心理需要；成人常以十分自我的心态和"救世主"的视角粗暴地把自己的意志强加于孩子，可怕的是对此却盲目无知。

那么，我们如何避免与孩子的冲突？蒙台梭利指出："即使一个成人非常热爱孩子，但在他内心仍然会产生一种强有力的防御本能，那是一种无意识的忧虑感，是缺乏理性和贪婪感的结合，总担心一些东西可能被弄脏或打碎。"可见，努力打破复杂和焦急的防御心态，放下自己的身段"蹲下来"和孩子交流，倾听他们的内心所需，是关键中的关键。此外，要认真倾听，不和孩子讲大道理，尽力表示关爱和鼓励。在倾听的过程中，教师和家长也在自我疗愈，情绪得到妥善的安放，才能更好地了解孩子真实的想法。

真心对话，回应学生的内心需求

对话是一种人与人之间的谈话方式，它是对话双方在平等、开放、自由、民主、协调的氛围下的交谈。矛盾常常在对话中化解，感情往往在对话中增进，思维的火花也常常在对话中碰撞而出。

理发师了解头发的想法，就是在和头发进行一场对话，完成对头发的认知和对发型的设想；老师用对话了解学生的想法，让学生在安全轻松的环境中自由表达，回应其内心需求。

其实，教育就是对话。教师怀着一颗关怀之心与学生进行平等、深度的对话，生命的独特、美丽与尊严得以凸显，学生的人格与灵魂也在对话中得到润泽，滋生对真善美的追求。学生带着好奇心与书本对话、与他人对话、与世界对话，从而获取知识、经验与智慧。对话要发挥其教育价值，需要做到以下三点：

一曰，营造对话的场景。课堂内外都是与学生对话的重要场景。教师在课堂上要避免"满堂灌"和"一言堂"，应鼓励学生独立思考、积极提问，培养学生的质疑精神，让学生与知识对话，这样才能激发学生自主探究的兴趣，营造自由、民主的课堂氛围，碰撞出思维的火花，也能了解学生的想法与知识掌握情况，为改进教学与因材施教提供生本依据。

课堂之外，也应该抓住时机与学生对话。清晨，我会站在学校的合欢树下带着微笑招手，用一句温暖的"早上好"来迎接孩子们，他们也会以温暖回应我。这看似简单的对话其实并不简单，它让学生感受到尊重与爱意，愉悦、自信地开启新的一天的学习生活。

二曰，改善对话的方式。我们应放下架子，同学生平等对话。只有与学生建立亦师亦友的良好关系，真心沟通，学生才会向老师敞开心扉，由被动的"机械人"变成主动交流的"对话者"。教师与学生关系的本质是什么？美国教育学家内尔·诺丁斯的答案是"关心"，陶行知先生则掏心掏肺地说："真教育是心心相印的活动。唯独从心里发出来的，才能打到心的深处。"教师用爱去感化学生，学生才能在对话中"亲其师，信其道"，同样用爱与温暖对待学习、他人，乃至世间万物。

三曰，提升对话的质量。建设性的对话，要读懂潜台词，透过现象看本质，由点到面、由此及彼、由浅入深，猜想、推测真实意图和行动趋向。苏霍姆林斯基说过："教育是人与人心灵上最微妙的相互接触。"学生的心灵世界是一个广阔而又迷人的天地，我们要通过对话了解学生内心情绪与情感变化，深入学生的内心世界与心灵进行微妙的接触，架起师生间心灵沟通的桥梁，回应他们内心的需求。我们还可以借助作业批语、作文、摘抄评语、小纸条等形式，与学生进行情感和心灵的对话，全面了解学生的想法。

"了解每一个学生的想法"，2500年前被誉为"万世师表"的孔子早已实践过，正如朱熹所言："孔子教人，各因其才。"孔子了解学生的方式，一是"听其言"：不知言，无以知人也；二是"观其行"：视其所以，观其所由，察其所安。既要听其言，又要观其行，二者结合起来就是"听其言而观其行"（《论语·公冶长》）。在继承前人智慧的基础上，我们还须与学生对话，这样才能更加全面地了解每一个学生的想法，从而更好地施行教育。

理发师手起刀落，我的思绪也被镜子里容光焕发的自己拉回到现实。这位理发师无疑剪出了最合适我的发型，他也确实捕捉到、尊重了每根头发的想法。

由衷地感谢理发师阿其，他加深了我对生命和教育的理解。

个性、天性、人性

美好教育的终极目标是什么？让人成为美好的人。人，独一无二的生命个体，是美好教育的哲学基点。故美好教育是顺应天性、培育人性、激励个性的教育。

激发个性之真

每个生命都是独特的，也都是现实而具体的，因此体现在情感、意志、需要、兴趣、态度、个性、思想等方面，也都是不同的，此即人的差异性。以人为起点的美好教育尊重学生的个体差异、个性发展，为学生提供多样化的教育资源，促进每个学生发现自己、发挥潜能、发展个性，做最好的自己。正如于漪老师所言，我们讲的"个性发展"，是根据一个孩子的特点，把其潜能变成发展的现实。

美好教育如何激励个性发展？首先是尊重，然后因势利导，把生命中的冲动、创造、执着、锲而不舍等本真的基因调动起来。

激，就是激发个性的冲动，是一种生命力的张扬。关注个性发展，呵护学生的独立性、独特性和创造性，把学生当成有自主意识的主体，而不仅仅是教育客体，要促进学生生动、活泼地成长，而不是试图塑造或代替他们的发展。所谓关注个性的"冲动"，实则是以学生为主体，把"要我学"的"填鸭"逼迫，转变为"我要学"的内在驱动引导，体现在具体的教学方式上，创造以学生自主探究为主的深度、跨界、翻转等学习方式。同时，在培养目标上体现层次化，给予每个学生发挥个性长处的机会，让每个孩子都能体验到被认可的成就感。

励，就是磨砺个性的质量，是对价值观的引领。个性的养成不是一朝一夕，就如好钢需要不断锻造。个性不是随性，不是自我，而是符合行为规范前提下的特点凸显、特长突出，有时甚至是特立独行。但强大的社会约束惯性会让个性泯灭，这就是常说的"行百里者半九十"。此时需要的是坚定自我、相信自我、完善自我，以"我就是我，不一样的烟火"的自信去创造、创新。美好教育就是为个性磨砺"搭台唱戏"，龙外的主题月活动、研学旅行、PBL 项目式学习等，让学生在活动中不断展现精彩、悦纳真实的自己。很多学生表示，在龙外实现理想不是梦，有龙外的引领、陪伴，未来也不是梦。

顺应天性之善

天性，即一个人出生就具有的秉性，一个外界难以改变的心理感知特性及行为趋向，亦称本性。唐代文人柳宗元在散文《种树郭橐驼传》中阐明了种树之道："顺木之天，以致其性。"这里的"天",指树木的生长规律,"性"则指树木的自然本性。尊重树木生长的自然规律,树木自然就根深叶茂。树木和树人是相通的,都强调一个字,即"顺"。

美好教育如何顺应天性?《中庸》说:"天命之谓性,率性之谓道,修道之谓教。"教育应该像修道一样,无为而无不为。郭橐驼看似无为,实则深为、高为。教育也该如此,不着痕迹,但处处能感受到教育的智慧和启迪,引出天性之善。

顺就是尊重,尊重生命的法则。顺应人的成长规律,为其提供一定的条件,帮助他实现自身的本性,天性得到最大程度的发展,这是美好教育的起点。老子在《道德经》中说:"人法地,地法天,天法道,道法自然。"自然之道是最高法则,也是教育的根本法则,依法、得法、用法才能成就教育的美好。卢梭也说过,尊重儿童的天性就是把儿童当作儿童。教育的立场就是孩子的立场,理顺孩子成长的自有规律、顺序成长的节律、顺利成长的环境、顺畅成长的路径、顺遂成长的心愿,美好教育就成为成人之美的教育。

应就是回应,回应生命的需求。正确看待孩子的需求,尤其是心理精神需求。孩子需求的阶段性、层次、内容有巨大的差异,我们不能一概而论,更不能简单粗暴地"一刀切",而是需要因材施教,去发现、唤醒、引导,帮助他们把自身的潜能发挥到极致。有的孩子像牡丹,我们就把它放在花丛中间,吸引目光;有的孩子像玫瑰,我们就把它放在枝头,散发芳香……装点每个孩子的特长、优点,让他们都感觉到拔节的律动和心灵的充实,给他们提供成长最好的土壤和阳光,让他们从生命的最初阶段生发出成长的能量和活力,沉淀为生命的基调。美好教育就成为美美与共的教育。

培育人性之美

人性,人具有的正常的感情和理智。现代社会学家认为,世界上只有一个人类,只有一种人性。人性是一种普世的价值观和世界观,是人面对错综复杂的社会环境和事件做出的一般性反应。人性善恶和本原的争论由来已久。人非完人,人性自然也有不完美之处。所以,德国古典哲学创始人康德强调,"教育最大的秘密便是使人性完美,这是唯一能做的"。能使人性慢慢变得完美的教育,才是美好教育。柏拉图也说过:"理想国度的实现赖于实施良好的教育,教育的任务不是向灵魂中灌输知识,而是促使灵魂转向美好。"

美好教育如何培育人性?周国平说:"让教育回归常识,回归人性。"回到常识,回到人性,此乃"培育人性"这个命题成立的哲学基础。

培,就是去粗取精、择善而行。剔除人性中糟粕的东西,提炼升华人性中的美好,择其善者而从之,其不善者而改之。孩子不可能天生具备这种去粗取精的能力,但孩子天生就是模仿家。他模仿的对象是什么样,自己就会成为真实的影子。所以,老师和家长要承担起根植孩子美好人性基因的导师责任。美好教育中一定有美好的老师和家长,所以龙外的"三有"(有教育情怀、有开阔视野、有专业理性)教师、龙外教师美好密码、女教师十大美好密码、龙外教师礼仪二十条及龙外幸福家长学校、家长工作坊、家长必修课等，无不在传递着立人先达己的理念。同时，培养孩子的是非观、审美力、思维力等，让孩子逐渐具备发现、选择、实践美好人性的眼光和力量。

育，就是守护、滋养人性。"教育的真正灵魂：守护人性。"（周国平语）当人性中的美好被唤醒、被选择、被信仰时，教育就要将这些美好的人和品质发扬光大。很多时候，孩子不知道自己所做的判断与选择是否正确，此时教育评价就至关重要。多元评价、绿色评价、动态评价、过程性评价的综合运用，让学生保持一种安全感、成就感、归属感。"一竿子打死"的做法则简单粗暴、适得其反。龙外的月度人物评选、星星学生、星级班级等让集体、个人都感受到被关爱、被认可、被呵护的幸福感。人性中的美好得到守护和滋养，唤醒学生内心的价值意识和价值理性，激发学生的生命潜力，让他们理解做人的道理和价值所在，积极追求一种人的充分成型和完善发展。

美好教育关注人性的完美、人格的圆满，充满温暖、富有质感、体现包容性，成为和而不同的教育境界。

顺应天性是美好教育的起点，如木之根，根深本固，有天时之利；培育人性是美好教育的核心，如木之长，向阳而生，有地利之优；激励个性是美好教育的追求，如木之姿，形态万千，有人和之美。兼具天时、地利、人和的美好教育，发现人的价值，发掘人的潜能，发挥人的能动性，发展人的个性，使人善美，使人温暖，使人快乐，使人幸福。

生命、生活、生趣

美好教育是怎样的？也许可以用很多词来形容：温暖、诗意、人性、幸福、快乐、成功……在我看来，生命、生活、生趣三个词应是美好教育的重要内涵。

美好教育是一种生命关怀

教育的对象，是"人"，是"生命"。教育即生长，教育的目的是不断促进人的生命成长，提升生命价值，实现生命意义。从本质上看，美好的教育是一种深切的生命关怀，是向人类传递生命的气息（泰戈尔语）。

这份生命关怀，应当建立在敬畏生命、珍视生命的基础上，因为生命本身就是一个奇迹，每个生命都是自然界最伟大的造化。对于教育，敬畏生命就是敬畏生命的本真状态，因为每个人都是独一无二的生命体，要做到因材施教；敬畏生命就是敬畏生命与生俱来的权利，做到有教无类、人人成才；敬畏生命就是欣赏生命的成长变化，尊重理解，静待花开。好的教育，就是让生命自然生长，同时输出一种生命价值观——所有生命都是平等的，人应该博爱。

生命关怀不仅是对学生自然生命的关怀，更是对学生精神生命的关怀：促进学生心智成长、人格健全、情感丰富、人性美好。这需要教育者以善良的爱为孩子们提供最真挚的服务，没有控制，没有索取，师生关系平等而亲密；需要教师的人格魅力、精神引领、心理信任、情感温暖、行为支持，需要"一个灵魂唤醒另一个灵魂"。正如夏山学校的创始人尼尔所说："好的教育，让一个人在人生的最初阶段，感受到被尊重、被信任、被平等对待、被充分鼓励与包容；好的教育，让人建立对人性和自我的不灭信心。"

生命关怀是帮助孩子发现自我，发展个性。"认识你自己！"——这句刻写在希腊圣城德尔斐神殿上的著名箴言，经常被希腊和后来的哲学家们引用来规劝世人，认识自己真正的价值。它也成为教育的一个重要功能。帮助人发现和实现自我，需要教育者的耐心守护、细心观察，不断发掘学生的兴趣和特质，顺应他们的天性，帮助每个孩子找到自己生长的方向，走一条适合自己的路。恰如罗素所言："教师应当从孩子身上感觉到一些神圣、模糊、无限的东西，一些个别的特别宝贵的东西，并对这些东西给予挖掘与引导，以期达到教育最美好的境界。"好的教育，就是让人有向真、向善、向美的不竭动力。

要把这种生命关怀放在时间和空间的维度，关注生命成长的过程，优化成长的环境，发现生命的独特价值，扬长而育，注重外在关怀，更注重内在唤醒。

美好教育是一种生活审美再造

早在100多年前,杜威便提出"教育即生活";陶行知先生从他的老师杜威那里得到启发,在中国创建了"生活教育"思想,并把老师的教育理念翻转过来,提出"生活即教育"。他们的理念是一致的:教育是儿童现在的生活过程,而不是将来生活的预备,最好的教育是"从生活中学习""从经验中学习",在学习过程中发觉生活的诗意与浪漫,从而热爱生活、享受生活。教育是让生活变得更美好,而不是厌倦、排斥生活。

从生活中获取教育资源。港中大图书馆的张甲教授反复强调:教育不仅只发生在学校、课堂,生活中处处有教育。一次,张甲教授谈及陈鹤琴教授的一个小故事:陈鹤琴教授去上海某学校调研,学校反映因为条件有限、没有实验室,无法给学生安排实验。陈鹤琴马上给学校支招,学生实验不一定要在实验室才能开展,生活中处处都可以开展,比如,买来活鱼,放在水盆里,滴入墨水,学生马上就观察到了墨水从鱼鳃流出的现象,明白鱼是用鳃呼吸的;让学生带来胡萝卜,将其切开,放入菜种,就可以让学生观察植物生长等。教育与生活结缘,是如此神奇与美妙。散落在生活里的教育资源以另一种面貌呈现在学生眼前时,它们就不再是孤零零的生活资源,而是一种审美再创造。

从生活中获取教育方法。实践出真知,生活是天生的导师。苏娜丹戴克说:"告诉我,我会忘记;做给我看,我会记住;让我参加,我就会完全理解。"创设生活情境,沟通生活经验与学习经验,让学生有充分的感知、联想,建立起认知体系,可加深对生活的理解与感悟，提升审美素养。

因而，在孩子的生命成长过程中，要回归生活，把外在世界的一切转换成鲜活的教育内容，扩大教育的外延，让教育建构起与世界、社会、现实活泼而真切的联系。这样孩子们接受教育的过程，就不会只是空洞的说教和强硬的灌输，而是一种发现之旅、唤醒之旅、熏陶之旅，是一种接受美好生活的洗礼，教育因此变得更美好。

美好教育是一种生趣表达

人须有生趣才能有生机，生趣是生活中所领略得的快乐（朱光潜语）。如何让教育生活充满生趣，让学生接受教育的过程成为享受美好生活的过程？

教育内容生趣。为孩子们提供丰富多元、个性化的选择，除了文化学科外，特别不可忽略体育和艺术。正如英国教育家斯宾塞说："没有油画、雕塑、音乐、诗歌及自然美所引起的情感，人生乐趣就会失去一半。"

教育方式生趣。以唤醒、启发、引导、激励为主，倡导自主、探究、真实、深度的学习。民国时期晓庄学校姚文采先生（陶行知的同乡）的生物教学给我们启迪：他带领学生采集标本；把挖草药的老农请来教认草药；请花匠来教种植花木的方法；请中国科学社的专家来教怎样辨别生物科别及定学名。晓庄附近的花草树木都挂起了学名牌，如此一来，生物课生趣盎然。

教育氛围生趣。构建一种民主、平等、信任、包容的师生关系。以"大鱼带小鱼",以教师的"有趣"带动教学的"有趣"、学生的"有趣":办公桌和教室讲台上,插一束鲜花,幽香淡淡地散开;孩子们阅读或习字时,放一段轻缓的音乐,乐曲悠扬回旋;在课堂上亮出自己的书法、朗诵等绝活;在活动中成为"孩子王";让班级生活充满仪式感……

有生趣才有活力,有活力才有创意,有创意才有美丽,循环往复,这就是生趣表达的无穷魅力,也是美好教育的"高颜值"。

生命关怀是美好教育的道德制高点,给予人向善的情愫;生活审美再造是美好教育接地气的"人间烟火",嗅到美的真谛;生趣表达则赋予美好教育有活力、有创意的实现方式,永葆"真"的初心。美好教育应该是生命自由茂盛地生长,应该是生活的多姿多彩、美丽动人,应该是生鲜有趣、活泼可爱,永远洋溢着爱与美、善与真的"桃花源"。

遵循常识，创造奇迹

学校门口有棵高大的合欢树，每天清晨，我站在树下迎接孩子们。

2020年5月，校园里一派欣欣向荣：香樟树叶绿得发亮，火焰木和玉兰树的花争相绽放……唯独这株合欢树，缺乏生机，无精打采，我暗自为它着急。

今天，我突然感觉到空气中有丝丝清香的甜味，抬头一看，喜上心头：只过了一个周末，合欢树仿佛全绿了，米粒般大小的嫩叶子在阳光的照耀下闪闪发光。

不禁感慨：植物的生命如此神奇！

大自然的植物只需要土壤、雨水、阳光，它们的生命终会绽放。宛如这棵合欢树，在我们不经意间便吐绿发芽、伸枝展叶。

岂止合欢树，地球上的每个生命都是奇迹！

正如杏林子感慨："一粒貌不惊人的种子，往往隐藏着一个花季的灿烂；一条丑陋的毛毛虫，可能蜕变成一只五彩斑斓的彩蝶。因为生命在旦夕之间就能铸造一桩奇迹。"

从事教育工作几十年，我也有类似的感触：教育很复杂，也很简单，因为教育面对的是一个个活泼的生命，我们只有遵循常识，呵护人性，尊重生命成长的规律，才能创造奇迹。

在龙外，以下三个常识几乎成为我们的行为准则，甚至可以说，它们已积淀为龙外教师的"美德"。

常识一：每一个生命自有其生长的节律

春荣秋枯是小草的节律，春种秋收是禾苗的节律，孩子也有属于他们的生长节律。

怀特海在《教育的目的》中指出："学生是有血有肉的人，教育的目的是为了激发和引导他们的自我发展之路。"他的教育思想至今依然闪耀着不朽的智慧光芒。这种不朽源自他对鲜活生命的尊重。

怀特海很早就提出教育节律理论，认为教育应该根据学生心理发展的阶段性特点，采用不同的学习内容和学习方式，使整个教育过程呈现出周期性往复的节律感。

他把智力发展过程分为浪漫阶段、精确阶段和综合运用阶段。

小学时期称为浪漫阶段，这时的孩子充满想象力与好奇心。初高中可以称作精确阶段，这个时期学生要打下知识的基础，需要强调纪律与精确。大学是综合运用阶段，这个时期的青年需要敞开心灵，培养独立思考的能力，找到生命的定位与意义。

一名优秀的教育者，对教育当有透彻的理解，其中就包含对生命节律的理解。

令人遗憾的是，我们大人的某些做法往往违背了孩子的成长节律。有一位家长,自己是重点大学毕业,自然对孩子有很高的期望。孩子刚上小学一年级,便报了多个兴趣班:数学、英语、写作、书法、围棋、绘画、小提琴、游泳……孩子基本上每天要学习一门兴趣班课程。周末更是排得满满当当。除了完成老师布置的家庭作业,家长还强迫孩子做几页"黄冈小状元"。孩子拒绝完成家长额外布置的作业,故意磨磨蹭蹭,折腾到很晚。家长和孩子都苦不堪言,亲子关系非常紧张。到了二年级,孩子便厌学了,甚至不肯再上学。

300多年前,卢梭便大声疾呼:"误用光阴比虚掷光阴损失更大,教育错了的儿童比未受教育的儿童离智慧更远。"

小学本为浪漫阶段,教育者重要的使命是保护孩子们的好奇心、保护童年,避免他们的生活受到成人世界的侵入,蚕食他们纯真的心灵和求知欲。这个阶段的学习策略应该是多读、多玩、多体验、多探索,进而让孩子们感受世界的美好。

"物有本末,事有终始。知所先后,则近道矣。"教育者必须对学生的生长节律保持尊重,既不超前也不滞后,既不拔苗助长也不守株待兔,踏准节奏,因材施教,让教育符合人的天性及其发展的规律。

常识二:相信每一个生命都能绽放

苏霍姆林斯基说:"每个孩子都是一个完全特殊、独一无二的世界。"桃花娇嫩、梨花洁白、水仙清灵……正是风格各异的鲜花,装点了春天的万种风情。

学校里的每个孩子又何尝不是一朵花，各有各的花期，各有各的芬芳，各有各的生长方式，也各有各的精彩。每一个生命都有创造自己生活的力量和自由，都有开启人生梦想的舞台和机遇。

龙外学生小睿，一年级时是一个烦躁不安、难以管控情绪的小孩。小睿的妈妈大吐苦水："我不得不去学校把他涂鸦的墙刷白，清洁被他画得乱七八糟的桌面，修补被他撕烂的书，带着儿子去与他发生冲突的同学家里道歉。课堂上，他躁动不安；课堂外，他古怪精灵。有段时间，我一看到老师打来的电话就紧张。因为儿子，我成了'到校率'最高的家长。"

就是这么一位常人眼中的"捣蛋王"，在龙外的几年时间发生了奇迹般的蜕变。小睿的妈妈用文字记录了这种蜕变。

每次走到学校门口，都会想起一二年级时，孩子的班主任在校门口送别前，蹲下来和孩子讲道理的情景，没有呵斥，没有责怪，更多的是提醒，那份包容和体谅、细致和耐心，连我这个做母亲的都自愧不如。龙外的老师，总有一双善于发现美的眼睛，总能看到孩子身上的优点，对学生的观察细致入微。

聂老师和我说：别看他好像漫不经心的样子，但只要讲到他不懂的，马上就会瞪大眼睛听课。

桂老师说：越难的题目，他越来劲。孩子写了一篇好文章，老师会欣喜万分地和我分享；孩子有一点小进步，老师比我们家长还兴奋。

班主任彭老师说到每位孩子的优点时总是如数家珍，最后再提点小建议，总能让家长欣然接受，愿意努力配合老师的工作。

龙外的老师总愿意冒一点点"小风险"，当机会来临时，总会选择信任孩子，给"调皮孩子"同样的发展平台，而不苛求孩子完美。因为信任，孩子当上了年级纪律管理员；因为信任，孩子走进了校播音室；因为信任，孩子当上了班干部。这份信任，孩子倍感机会的珍贵，更加努力完成任务，每次回报给我们更多的惊喜。

龙外让家长和孩子一起成长。心理教师吴锡慧老师经常到班上看望孩子，和孩子谈心，是孩子贴心的"大朋友"，还一次次给予我这个家长专业的指导。"想一想你有多久没表扬过孩子了？""可以多学点心理学"……这几年，我几乎参加了龙外所有的家长课程。这不得不感谢吴老师的多次提醒，让我和孩子一起成长。

儿子在这所充满爱和尊重的学校健康成长，成绩名列前茅，当上了小班长，是校足球队的一员，被评为龙外"美好学子"，因在钢琴比赛中的出色演奏获得四川省某市政府的两万奖金赴法国参加钢琴比赛，还荣获了广东省键盘大赛及美国联邦钢琴公开赛一等奖等多个奖项……

一天中午，我突然收到小睿妈妈发来的一张照片。她告诉我：小睿昨天参加施坦威全国青少年钢琴比赛深圳总决赛，获得一等奖，进入华南区决赛。这次期中考试，小睿数学成绩获得满分，英语也获得年级唯一一个满分。

看到这张照片，读到这段文字，一瞬间，我热泪盈眶……

教育就是让生命得到绽放，我们要耐心等待每个孩子的花期，允许孩子表现和发展他的独特之处。

这份执着的相信，背后一定要有博大的爱去包容、去尊重、去呵护、去成全每个独一无二的孩子。

常识三：生命绽放之前需要积蓄力量

就像校门口的那棵合欢树，只要有土壤的呵护、雨水的滋润、阳光的普照，它就会积蓄力量，绽放出最美丽的花朵。

但是生命绽放之前，是需要积蓄力量的。

一位智者给我分享过竹子定律：竹子在前四年仅仅长了3厘米，从第五年开始，以每天30厘米的速度迅速生长，六周时间能长15米。竹子定律告诉我们：成长的绝大部分时间是在蓄势待发，积蓄到一定程度，便以惊人的速度飞跃。

尼采说："其实人跟树是一样的，越是向往高处的阳光，他的根越要伸向黑暗的地底。"每个孩子都像春天埋在地下的种子，假如种子迟迟不发芽，那是因为它还在做最充分的准备。

我们的教育，应当为孩子的绽放做好哪些准备，积蓄哪些力量呢？

呵护好奇心、培植阅读兴趣、养成良好习惯、提升思辨能力、涵养美好品性、培养健全人格——我们给孩子们积蓄的这些，才是真正的教育。

教育是培育生命的事业，我们应该相信生命的奇迹——拥有如此目光的人，他的世界才会变成教育的世界。

每一个学生就是整个学校

孟德斯鸠有句名言:"在民法的慈母般的眼里,每一个个人就是整个国家。"国家是为了保障每个具体个人的人权与尊严而设立、存在的。同样,学校是为了促进每个具体学生的发展而设立的,离开了由每一个具体学生组成的学生群体,学校就失去了存在的价值。我们也可以说,"每一个学生就是整个学校"。

但现实是这样吗?

在不少校长看来,政绩比学生重要,规范比自由重要,分数比情感重要,成绩比成长重要。在他们眼中,学生不是独立的鲜活个体,只是一个有着共同名称的模糊群体。

每一个学生就是整个学校,是要把学生从模糊的群体中"解放"出来,让个体被看见、被尊重、被放大,权利被保障,情绪被接纳,意见被重视……

我们扪心自问:在全校几百乃至上千学生中,能叫得出名字的,有几个?

还有,我们的管理做到细致、温情了吗?我们的课程设计考虑到学生个体的需求了吗?我们的教学注重学生的差异了吗?

我们推进的教育公平不是让所有学生齐步走,其本质是让每一个个体都得到发展，让每一颗星星都闪亮。

"每一个学生都是闪闪发亮的星星"，这是我在美国纽约某学校考察时，从他们下发的资料中发现的一行小而细的文字。我猜这是他们的办学理念，一问，果然是。他们没有大肆张扬办学理念，只是把每一个孩子的名字写在一个个苹果、一片片树叶上，张贴在教室门口或走廊墙壁上。他们在教室外的走廊上为学习有困难的学生设置了"特别学习区"，有时可看见两个老师在辅导一个学生。

又如，"每一个学生都很重要"，是英国中小学校长专业标准中最突出的准则，深刻体现了学校育人的本质，彰显"以学生为中心"的人本管理理念。它不但是理念，还落地在具体的教育教学中，对如何保证学生的发展和成功、培养学生各方面的能力提出具体的要求，如"平等对待每一个学生，尊重他们""所有学生都具有可教育性""运用与学生及其家庭有关的人口数据确定学校的使命和目标""使学生感受到自己的价值和重要性""为学生提供多种学习机会""运用多种技术评价学生的学习""学校的一切组织和机构都是为了学生"等。

因为工作的关系，我多次到与深圳毗邻的香港学校考察。在香港的中小学，这样的情景很常见。

在香港王华湘中学，区月晶校长能叫出每一个迎面而来的师生姓名；在培侨小学，学校把书本放在不需要任何借阅手续的阅览小天地，并温馨地提醒孩子们："我的家在阅览小天地，看完后请把我送回这里"；在保良局蔡继有学校，他们按照孩子们的意愿把图书馆设计成城堡，让孩子们在里面开心阅读；在香港劳工子弟学校，他们将楼顶的天台改建成乒乓球场、篮球场、蔬菜花草种植园，为的是确保每一个孩子有更多的活动空间；在培侨中学，学校广播站的点歌卡及在墙上展示在重大活动中表现出色的学生名字，对每个个体的尊重跃然纸上。

北京市十一学校的每个学生都有一张课程表，即使只有一个人选课的马术课，也正常开课。原校长李希贵在《学生第一》中说："建造一个真正属于学生的学校，为学生提供一切有利于他们成长、成才的环境，让学生成为学校真正的主人"。

《教育——财富蕴藏其中》一书中提及：教育的基本作用，似乎比任何时候都更在于保护人人享有为他们充分发挥自己的才能和尽可能牢牢掌握自己的命运而需要的思想、判断、感情和想象方面的自由。

在龙外，我们设计了十大主题月，搭建平台，让每个学生都有展示的机会。在集体活动中，我们没有以各种理由落下任何一位同学。无论是海内外研学，还是班级合唱比赛，每个人都有一席之地。孩子们说："每天穿校服，太单调了。"于是，我们把每周三设置为"私服日"，每个人都可以穿自己喜欢的衣服。学校改扩建，没有体育馆和田径场，我们把校园中每一块可以利用的地方改造成运动场地，错峰锻炼、分项目锻炼等，满足每个学生"运动一小时"的需求。

享有权利，保障自由，以学生为本，尊重、呵护每一个学生，以学生的个性发展为根，让每一个个体得到充分、自由的发展，把每一个学生当作整个学校去看待和塑造，学校的物质和精神容量将会越来越富足，并将学校的精神烙印在每个学生的心灵深处。

爱，不要太满

或许是机缘巧合，或许是冥冥中注定，让2020年5月20日这个平凡的日子变得有意义。这一天，是中国农历二十四节气中的小满，而520，谐音"我爱你"，一个充满智慧的节气，遇上一个充满爱的日子。

小满是二十四节气中的第8个。《月令七十二候集解》有载："四月中，小满者，物致于此，小得盈满。"意指麦类等夏熟作物灌浆乳熟，籽粒开始饱满，但还没有完全成熟，故称为小满。

中国传统文化讲中庸之道，二十四节气中很多是大和小对应出现的，有小暑也有大暑，有小雪也有大雪，有小寒也有大寒，唯有小满而无大满。俗语有云，"月满则亏，水满则溢""盛极必衰"。小满者，满而不损也，满而不盈也，满而不溢也。这正体现了古人的处世哲学，小满则安。

正如"花看半开，酒饮微醉"，人生最好是小满。小满遇上"520"，仿佛在提醒我们："爱，不要太满。"尤其是父母对孩子的爱，爱得太多，彼此都会受到伤害。以下案例即为惨痛的教训。

张女士离异,独自带孩子。为了弥补父爱的缺失,她把所有的爱和希望倾注在孩子身上,舍不得孩子吃半点儿苦:吃饭盛好端到孩子面前,吃水果削好送到孩子嘴边,鞋带帮孩子系好,甚至连早晨刷牙的牙膏都是挤好的。

读小学二年级的时候,孩子学习上开始有压力。出于对孩子的心疼和爱,张女士开始了陪读历程。孩子学什么她就学什么,做作业的时候也全程陪伴,甚至常常在孩子的请求下替孩子完成作业。

这份太满的爱所带来的压力,到了孩子初中阶段全面爆发,亲子关系极度恶化,最严重的时候,孩子甚至通过自残进行反抗。

张女士慢慢地意识到自己过度地参与到了孩子的生活中,也想尝试放手,却发现这份太满的爱不仅困住了孩子,也困住了自己,她完全没有办法承受退出孩子世界的痛苦。

孩子也因为这种太满的爱,变得缺乏自制力和独立能力,一方面渴望脱离母亲的控制,另一方面却发现自己无法独立,甚至到了初中,依然会通过威胁的方式要求母亲帮自己完成一些学业任务。母子二人都因为这份太满的爱,陷入困境……

遗憾的是,现实生活中,太满的爱无孔不入。父母都深深爱着孩子,自然希望给孩子爱多一点,再多一点。太满的爱挤占了孩子自由发挥的空间,反而成了负担和压力。对孩子而言,他们当然想要爱,却不是这样的爱,而是该退场的时候退场,该支持的时候支持，自己拥有更多的空间和自由，因为爱也需要呼吸。

日本著名作家池田大作说："尊重孩子的人格，孩子便学会尊重人，在家里，要从小就把孩子当作独立的社会人来养育，这样培育出来的孩子，走上社会才能够成为独立的社会人。"

太多时候，我们爱着孩子，只是满足自己爱的需要，没有真正地感受孩子需要什么，孩子内心的感受是什么。我们看起来很爱孩子，其实对孩子来说是一种灾难。

爱但不溺爱孩子，你想让孩子做什么，你就少做点什么，有限度的爱才是父母给孩子最好的爱。

太满的爱往往表现得很强势。父母带着先入为主的偏见认为这是孩子需要的爱，甚至带有强制命令的色彩。如果孩子稍加抵触，就拿出"我这都是为了你好"的借口。

家长将孩子当作自己的翻版培养，或者当作自我理想的替代品，给孩子"想当然"的关心。比如，为了赢在起跑线上，让孩子参加各种兴趣班；为了长好身体，让孩子吃各种营养品；为了高分数，额外给孩子布置一堆作业……用自己的意愿去设计孩子的成长模式，让孩子按照自己的既定路线走，这样就能让孩子少走弯路、少经挫折等。殊不知，每个人的成长经历不一样，今天也不会重复昨天的故事，孩子不可能重走父母的老路，孩子的生活是我们所未经的，强加的爱就像强扭的瓜，不甜蜜。

小易是龙外六年级的孩子，由于多次情绪失控，来到"儿童心智成长中心"寻求帮助。通过跟小易的沟通，我们了解到，小易的父母都是985高校毕业的硕士，一直以来非常注重小易的学业，也认为小易必须比他们更加优秀。在小易读幼儿园的时候，他们就开始对她的学业进行规划，每个学期进步多少，上什么样的学校，以后学哪个专业，考研、考博都计划得非常详细。小易在小学三年级的时候很喜欢音乐，也表现出一定的天赋，可是父母却觉得学音乐太浪费学习时间，不仅不准小易再碰乐器，甚至给她报了大量的培训班，让她没有时间学音乐。小易也反抗过，可得到的总是一句："我们这都是为你好，以后你就会明白我们的苦心。"长时间的情绪压抑和痛苦，使得小易再也承受不住了，甚至有了放弃生命的想法，她觉得自己从未感受到存在的意义。

这些很强势的爱，没有顾及被爱者的感受，适得其反。父母没有真正理解孩子，不清楚孩子到底想要什么。

纪伯伦在《论孩子》中说："你们的孩子，其实不是你们的孩子，他们是生命对于自身渴望而诞生的孩子。你们可以给他们爱，却不可以给他们思想，因为他们自己有自己的思想。你可以庇护的是他们的身体，却不是他们的灵魂，因为他们的灵魂属于明天，属于你做梦也无法达到的明天……"

所以，我们不缺乏爱，但缺乏表达爱的方式。适合、适度、适宜的爱，经过合情、合理、合目的的方式，才能起到润物无声的效果。

适合指对象，适度代表程度，适宜表明场景，合情指合乎人情、人性，合理指合乎逻辑规范，合目的指无目的的合目的性。

爱不是越多越好，对孩子恰到好处的爱，才是真爱。因为恰到好处的爱，是一种尊重氛围，是温柔、仁慈的，孩子更能感受到爱；恰到好处的爱，是一种纯粹关系，是互补、促进的，孩子更能理解爱的精髓。

天地容我"懒"

去杭州旅游，总会腾出时间到灵隐寺。

灵隐寺是最早的名刹之一，至今已有1700多年的历史。据说清康熙曾赐名为"云林禅寺"。这里还是一个寺庙群，很多时候游人如织，香烟缭绕，梵音不绝。

四月的灵隐寺，树木葱茏，繁花似锦。我转了一圈，不知不觉就来到了旁边的永福寺。相比灵隐寺，这里少有人走，颇有几分"花径不曾缘客扫"的意韵，若不留意，真不会发现山林之中还有此秘境。永福寺以园林式院落见长，佛殿禅院随意地散落于山间，和大自然融为一体。这里山泉清澈潺潺，古木浓荫蔽日，真是深山藏古寺。

从永福寺、法云安缦，再到佛学院，一路走来，并非僻静荒野，而是林木幽深隔开了游人的喧嚣，自有一份幽静与隐逸，也多了些可以让人静心观赏的留白和隽永。

不知不觉，我走到了珍藏历代高僧真迹的书画院，看到一幅"天地容我懒"的字画，心灵为之一颤，放缓脚步，静思之后，顿觉超然物外。"懒"是贬义，常用来形容能力低下、思想顽固、甘于现状、不思进取的状态，与之相关的偷懒、懒惰等词语，感情色彩非常鲜明。将勤劳肯干作为优秀传统的中华文化，怎会容得下"天地容我懒"这样的思想观念呢？殊不知，这背后藏着大情怀、大智慧、大胸怀。

天地容我懒是天地容许我"慢"的状态，不催促，体现为遵循规律的自然生长。慢并非懒散，慢工出细活，慢长才结实。万物生长自有其内在规律，包含了时间的孕育、土壤的滋养、阳光雨露的润泽，春种秋收，风吹雨打，经受了自然的磨炼，经过了充足、真实的生长过程，葆有了物质本来的品质。为什么现在的食物没有本来的味道了呢？因为全是用大棚或者激素催生出来的，快节奏生活不允许它有很长的生长周期。一味地求快贪大，不仅犯了揠苗助长的错误，还破坏物质本来的属性，巨型西瓜等就是例子。

这样的例子在教育界也很常见。幼儿园就开始学小学的课程，家长们让孩子在一个又一个兴趣班中转场，超前教育、求全教育让孩子们疲于奔命，稍有懈怠就被冠以"懒"的头衔，渐渐地消磨孩子学习的兴趣和热情，抵触情绪越来越强，甚至发展到放弃的地步。家长经常斥责孩子写作业慢、做事拖拉，老师也埋怨部分孩子反应慢、行为懒散。殊不知，慢教育渗透了自然规律的要求，每个孩子对学习生活的接受与适应能力是不一样的。学校"懒"了，就少一些指手画脚，甚至"画蛇添足"。孩子慢慢写、慢慢做，我们应该肯定他们的投入，理解他们的真实想法，从孩子视角帮助他们思考、认识、解决问题，说不定你还能发现孩子的创意、创新。比如，他会想"大字应该写大一点，小字写小一点""1+1就是我和弟弟一人一个棒棒糖，加起来就是两个棒棒糖"。孩子的"慢"是用他的活动思维和方式在联通世界。所以，在"懒"的状态里，孩子才有安全感，才能增强适应外部挑战的心理和生理机能，环环相扣，步步为营，形成"万丈高楼平地起"的根基、"路遥知马力"的耐力和厚积薄发的实力。

天地容我懒是天地容许我"借"的智慧，不排斥，体现为善假于物的信手拈来。人类从诞生之日起，就为了更加便捷的生活努力着。有人说，科技发明都是人类想偷懒的结果。的确，大工业解放了人类的手，让人类不必从事繁重的体力活。懒，并非懒惰，而是善假于物，万物皆为我所用。所以，聪明的人会想着如何让唾手可得的资源巧妙地组合，实现价值最大化。这也是应对资源短缺的必由之路。所以，专业的事情交给专业的人和工具去做，就会事半功倍。方法选择很重要。假如现在还需要"愚公移山"，是派遣上万的愚公去，还是交给大型操作机呢？这体现了"借"的智慧。

同样，就教育而言，我们也需要"借智"。如果说老师滔滔不绝地讲、一本一本地改、一个数据一个数据地比对是勤奋的体现，那么这样的勤奋也许会让老师疲惫，也可能使孩子压抑。孩子在课堂上动起来，自主探究，自由选择学习方式，教师则借助大数据、云平台、移动课堂、交互式学习、跨界学习等，通过组织、引导、评价、建模，让学生获取知识的途径更加多元，获取知识的方法更加便捷。学习上，不重复机械的低效劳动，而是高效学习，利用现成的结论与定理，举一反三，钻研更有价值的问题。学会利用身边的资源，深度挖掘资源的价值，从一个高度迈向另一个高度。老师看起来"懒"了，不用天天口干舌燥，其实他是在思索怎样带领学生主动学习、深度思考;学生"懒"了,不用天天题海战术,其实也提升了自己的综合素质。懒,给了我们气定神闲的从容和随机应变的智慧。

天地容我懒是天地容许我"愚"的个性,不争,体现为淡泊名利的返璞归真。懒,并非愚笨,而是大智若愚。常听人说,"懒得去争、懒得理会",并不是真"懒",而是世事洞明后的洒脱、清心寡欲后的豁达。事事强出头、争输赢,往往"机关算尽太聪明"。顺其自然,就会自然天成;不争,则莫能与之争。道家思想的"抱朴守真,无为而治",就是这个道理。

教育更需要这份"愚"。学校不争头衔,安安静静办学;老师不争名利,踏踏实实教书;学生不争分数,快快乐乐成长。心胸宽广的成长是一种厚实的成长。想"争"就会挖空心思,心术不正;想"争"就会不择手段,行为不端;"争"来的只是表面的热闹,而不是实质的升华。学校应该是"静地""圣地",少一些对师生生命成长无益的活动,少一些"假大空"的上台阶评估项目。师生能安静地享受自由空气、自在情趣,做好本职,不必事事计较,或许校园和师生的精神面貌会是另一番景象。龙外的学校简介上从不出现获得的荣誉,而是介绍课程与教学的特色。她少了官方话语的一板一眼,多了"学生本位"的活泼灵动,让人明确了解学校的办学重心和品位追求——把课程与教学建设好才是学校的生命力。学校懒于为自己争门面、贴招牌,扎实做好课程设计与教学实践,这才是持续发展的正道。

天地容我懒,是包容我们的慢长、智长、厚长,是对自由选择的理解和赞赏。天地容我懒,也是我们的价值判断,"懒"并非一无是处，只要用对了场合就有益处。天地容我懒，是一种相对性的存在，并不是我们慵懒、懈怠的借口，这还需要我们理性看待，不妨将其另一面视为"天地笑我勤"。

美好教育、美好生活，既离不开勤，更离不开"懒"。

香港基础教育印象

2011年11月24—28日，我到香港参加了第二届内地与香港校长交流论坛。短短的几天，听论坛演讲、参与论坛互动、观摩中小学校，与几十位香港校长零距离接触，感受香港基础教育融合中西方文化展现出的特色与成就，让我收获颇多、触动颇大、印象颇深。

印象一：校长味

本次论坛共有100多位校长参加。在人群中，你能很容易地分辨出香港学校的校长和内地学校的校长。香港学校的校长散发出浓浓的校长味，他们谦恭和逊、温文尔雅、有书卷气、有精气神。

初识仁济医院王华湘中学的区月晶校长，见她优雅、从容，充满热情与活力，以为她只有40岁，了解后才得知，她已年近60岁。

区月晶是该校首任校长。创办十多年来，王华湘中学已由当初的薄弱学校成长为被家长和社区认同的优质学校。该校的赏识教育、自主学习、课联活动已成为区域乃至全港的品牌。

在王华湘中学，三天的贴身学习，从早上七点到下午七点，除了中午20分钟吃便当的时间，每分钟都被安排得满满当当。她与我们分享赏识教育，带我们参观校园，观摩课堂与课联活动，与港大教授视频互动，参加学生的英语辩论会……特别是在她组织召开的学校改善委员会会议上，作为组织者、协调者、决策者的区校长，善于营造和谐、民主的会议氛围，欣赏和鼓励发言者，让每一位参与者各抒己见，提案、讨论、决策，短短一个多小时，多项事务高效解决。我们佩服她旺盛的精力，惊叹她三言两语就能四两拨千斤，还有她的博学与亲和、果敢与自信、优雅与淡定，成功将我们"圈粉"。

此次相见，她已退休。我们和她一同回到王华湘中学，感觉整个校园都还有她的影子。"西贡文物馆"内有品位的设计与饰品；青葱校园中的园林、花木、石子、鱼池；赏识卡、赏识加油站；校园的和谐与关爱……

在学校的嘉宾室，我看到了一幅特别的画：区校长退休时，每个班的学生用饱蘸爱与祝福的画笔各画了一幅她的卡通画，并把它们汇聚在一个长方形的画框内。看到这幅画，我感慨不已，也羡慕不已。

走进培桥小学，你能感觉到校园中弥漫着人人学习、互相关爱的气息。这和连文尝校长密不可分。连校长每日必读书，每读好书常举荐给师生。他满腹经纶，循循儒雅，进退举止，合乎礼仪，既有西方绅士的谦恭，又有古时儒生的博学。

真道书院的丘校长，游历世界各大洲100多个国家，被誉为

"神州通"。他思想敏锐,视野开阔,大气淡定,曾谢绝香港教育局和一些知名企业给他提供的更好的发展平台。他告诉我们,他的一生一心只爱教育。

校长味,不是角色和职位所赋予的,也不是外表装饰出来的,而是热爱、奉献、恩慈、谦虚、尊重、坚守等美好的品性,经过长期的修炼和岁月的沉淀自然而然形成的,是由内而外散发的,充满魅力、令人向往……

印象二:三个"W"

本次论坛设在香港教育学院,香港教育局陈维安副局长在主论坛上作了精彩演讲。他在演讲中提及了香港基础教育的三个"W":教什么、如何教、谁教。

教什么:香港21世纪教育改革的目标是要培养"乐善勇敢"的一代新人,即乐于学习、善于沟通、勇于承担、敢于实践,让每个人在德、智、体、群、美各方面都有全面而个性的发展,培养自学、思考、探索和应变的终身能力。课程目标是:学校教育是提升学生的整体知识与能力水平,以及培养正确的价值观和态度,帮助学生奠定终生学习、全人发展的基础。

如何教:少教多学,让学生自主学习,教师当与学生多互动、多鼓励,关注学习的过程而不是结果,让学生自己去探索和感悟。

谁教:欲培养优秀的学生,需要优秀的教师。陈维安副局长例举了这个数字比——100∶23∶14,教育发达的新加坡、芬兰、韩国，100%的教师是该国前三分之一的优秀者；美国白人集中地区，23%的教师是该国前三分之一的优秀者；美国黑人集中地区，只有14%的教师是该国前三分之一的优秀者。教师的素质决定教育的质量。因此，要高度重视吸引有才能的人进入教育界这一问题。

通过陈维安副局长言简意赅的介绍，我们短时间了解了香港基础教育的核心和课改的精髓。

印象三：千校一面与千校千面

香港中小学普遍占地面积不大，外观朴素、简约，在不到1000米的范围内往往有好几所学校。学校在建筑格局和硬件设施方面相差无几，可谓"千校一面"。但各学校注重自身的内涵发展，根据育人目标和学校实际，做出特色项目，培育学校特色，打造特色学校。比如，王华湘中学的赏识教育、圣公会何泽芸小学的资优教育、培侨小学的小组合作学习、正慧小学的个别学习计划（又称IEP计划，通过家长义工支援、每天读默写、家长伴读计划、沟通与社交能力训练实施）等。"一校一特色"是学校间最本质的区别，各个学校也找到了适合自身发展的独特路径，呈现出内涵发展的"千校千面"。

印象四：香港学校管理常识

香港中小学校管理非常精细，制度管理非常明确。在王华湘中学，我看到中文教师的学科工作手册近 200 页，厚厚的一本，每天的工作安排和要求尽在其中，有很强的计划性和指导性。学校管理也以人为本，彰显人文关怀。我们在圣公会德田李兆强小学看到学校图书馆在征求孩子们意见的基础上被设计成童话城堡，温馨、舒适，是孩子们自由、快乐的阅读王国。

论坛上，循道学校的王国江校长介绍了香港中小学校的管理常识，解释了教育管理的普遍规律。

常识一：依法办学，在法律框架内办学，确保教育的合法合规性。我们有教育法、教师法，也强调教育中的法律意识；审时办学，与时俱进，根据时代需要、环境变迁，调整办学方向和措施；实事求是，正视办学过程中的问题和困难，对症下药，及时妥善解决问题和困难。

常识二：领导者最重要的十个特质，即诚信、以身作则、体贴、说到做到、善于倾听、有责任感、尊重别人、不吝鼓励、乐观、热忱。

常识三：学校管理得好的常识，如忍耐，展现出来的自制力；恩慈，付出关心、赞美及鼓励；谦虚、真诚、不虚伪、不自大；尊重，待人如奉上宾；无私，满足别人的需求更甚于自己的；宽恕，别人做错了也不怨恨；守信，坚持你所做的选择；牺牲奉献，把自己的所欲和所需放到一边，优先满足别人的利益。

香港中小学校的内涵发展是灵魂，塑造了"千校千面"的教育特色；管理常识是底蕴，优化教育发展的生态；课改和教改是核心，激发教育发展的活力；校长高位引领是关键，增强教育的文化属性。

[中编]

美好之行：看见孩子

「看见」孩子是教育的出发点，是理解和共情的前提，是激发与唤醒的基础。生命被看见，那些蕴藏在孩子们内心深处的热情、灵感、勇气、真善美等美好本性才能被唤醒。「看见」孩子正是美好教育的美好实践。

"看见孩子"的三重境界

一位家长很感慨地跟我说,孩子最想倾诉的人首先是老师,其次才是家长,认为老师能够懂他,看见他的情绪。

"看见情绪",孩子说得多好!

是啊,"看见即疗愈",能看见孩子的情绪,才能理解并接纳他们的情绪,才会读懂他们的语言,进而感知他们的心理。

大人常常把"看见孩子"挂在嘴边,怎样才是真正地看见孩子呢?

"看见孩子"有三重境界,且听我慢慢道来。

第一重:看见情绪,看到需求

事实告诉我们,即使是不会说话的婴幼儿,也会有自己的情绪。英国作家布拉夫曼博士在《看见孩子,看见自己》一书中通过 24 个生动的案例阐述了一个道理:如果孩子的情绪没有得到理解,他们就可能会通过身体语言去表达自己的苦恼;如果父母正确地理解了孩子的焦虑,那么一切都会好起来;如果父母的反应不符合孩子的情感体验,孩子可能会重复某种行为,这样就陷入一种恶性循环——孩子和父母都觉得自己不被理解，变得越来越沮丧。

情绪是信使，背后是需求。当孩子有情绪时，他们需要的不是被控制，而是被看见、被读懂。清楚了孩子行为背后的心理需求，再慢慢地放走这个情绪，才是应对情绪的正确方法。情绪处理四步曲的第一步就是觉察，随后才能接纳、表达、行动。

龙外五年级有一位英语老师，想让孩子们在学习上互相帮扶，"师徒结对"。她事先在班级名单上圈圈画画，选了五位成绩最优秀的学生，也选了五位英语后进生，一一配对，希望师父能在英语学习上帮助徒弟。但是，名单一公布，师父、徒弟都有情绪。有些同学因为各种原因不愿意成为师父，有些徒弟不愿意被老师安排的师父教。这位老师思索了一段时间，觉得如果强制安排，效果估计不佳，于是她选择接纳学生的情绪和需求。她在班上发起动员，让愿意接受帮助的徒弟来报名，并且给他们一天的时间去拜师，如果师父同意，就算结对成功。有个别不愿意同学来帮忙的徒弟，就慢慢引导，用他们能接受的方式去辅导，老师尽量接纳他们的想法。结果，徒弟们每天都虚心受教，师父们也愿意为徒弟花时间，师徒结对效果很好。

不要被孩子表象的行为迷惑，而要努力看见、理解、接纳孩子的情绪，进而看到孩子的需求。做到这一点，孩子当然愿意找你倾诉，并常常听你的。

第二重：看见兴趣，看到天赋

兴趣是推动人认知事物、探求事物的重要动机，是人学习和生活最活跃的因素。人一旦对某事物有了浓厚的兴趣，就会主动去求知、探索、实践，并在这个过程中产生愉快的情绪和体验。

孩子对事物的浓厚兴趣，往往会成为他们在该方面取得成功的先导，所以，我们要善于发现孩子的兴趣。美国学者丹尼尔·格林伯格提出了以下判别方式：

——专注；

——坚持；

——没有时间感；

——不觉疲意；

——动机十足。

如果孩子表现出以上精神状态，他们必然带着一种高涨、激动的情绪从事学习和探索，大人们要能敏锐地捕捉孩子的兴趣点，也要帮助孩子寻找兴趣。

有个很流行的观点：什么是教育？把你学到的东西都忘掉了，剩下的东西就是教育。那么，忘不掉的、剩下的东西是什么？我想，不可缺少的一部分应该是主动学习和探索的兴趣。如果孩子越早发现这个兴趣，他就能够越早意识到自我认知，拥有自豪感。

龙外有个三年级的学生小其，他在一年级时就展现出和同龄学生不一样的兴趣——对中国的历史文化有着强烈的探索求知欲，孩子特别喜欢阅读和关注历史故事，从上古神话到夏商周，从秦汉三国到宋元明清，总是能不断探索发现"新大陆"。

这个孩子经常在课堂上分享历史人物鲜为人知的事迹，老师们也乐意让他当"小老师"。结果，越是鼓励，越是肯定，越能激发孩子强烈的求知欲望和学习动机。苏霍姆林斯基说:"只有当知识变成精神生活的因素,吸引人的思想,激发人的兴趣和热情的时候,才能称之为真正的知识。"对于这个孩子来说,学习历史知识已经变成他精神生活的重要因子,他获得的真正的知识越多,获取新知识就越容易。

孩子的兴趣,极有可能就是孩子天赋的引子,正如"要在橡树种子里见到橡树,了解帮助种子成为橡树的过程"一样,需要我们发现,更需要我们培植。

第三重:看见生命,看到成长

有人说,教育有三种境界:最低级的境界是上紧发条,永远追赶某个目标;第二种境界是让孩子理解自己,对呈现的问题不困惑;最高的境界是让孩子发现自己,探索自己,敢于尝试,拥有永远修正自己的勇气,此即"看见生命"的教育。

看见生命,我们会悦纳孩子的一切,聆听孩子的内心,跟孩子产生共情,尊重每一个独特的个体。生命被看见,就会被尊重、被关注、被接纳、被爱护、被支持。

为了引导家长聆听孩子的内心,龙外发起了"星空下的对话"活动。活动的引言如下:

盛夏时节,时而暴雨霓虹,时而烈日长歌,唯有凉爽的夏夜最让人心情愉悦。忙碌的您,有多久没有和孩子一起聊天谈心了?

这个活动激发了很多家长放下工作，和孩子们进行一次星空下的谈心。小钰妈妈和五年级的女儿进行了一次促膝交谈，她感悟很深，写下了以下的文字：

凡事都有正反两面，个性活泼、热情的孩子常被期望能安静一些，而个性安静、温和的孩子又常被期望能外向一些。我总是希望自己的孩子"完美"，可事实上，我越不接纳孩子，孩子越朝着我不希望的方向发展。比如，孩子内向不被接纳的结果就是变得更加退缩。在学校课堂上爱举手、爱表现的孩子往往是父母所希望的，我也一直觉得这样的孩子会更受老师的喜欢，所以，有一段时间，我经常鼓励女儿在校举手回答问题，甚至要求她每天至少举手两次。但事实是，逼着孩子那样做，她很难受，看得出来那段时间她的心理压力比较大。所以，我想，我应该学着接纳孩子的个性，不要迫切地想把孩子变成自己希望的那样，要学着接纳孩子，让她随着自己的生命本质去发展，接纳她的慢节奏，多给肯定，鼓励她表达自己的感受……

如果把生命过程比作一场马拉松，"看见生命"的意义就如同马拉松的补给站一样，让你很快恢复精力，然后信心满满地跑向下一个阶段。生命被看见，那些在孩子体内隐藏的热情、灵感、勇气等美好的力量就有可能被唤醒，从而提供给孩子源源不断的向上生长的动力，收获超越与成长。

其实，海德格尔早已冷静地告诉我们："人始终是未完成的，这是人之为人的基本特性。"教育就是要看见孩子的生命，永远看到生命在成长，教育者的崇高使命就在于发现生命的可能性，并引领、拓展这种可能性。

孩子不是抽象的。当孩子来到家长面前，走进学校来到教师面前，我们的首要工作是能够看见孩子目前实际的生命状态。

"看见孩子"是教育的逻辑起点、情感起点、美学起点，也是美好教育的生动诠释。只有做好这一点，教育教学的出发点才是牢靠的。

卓越的校长育"神"

卓越的校长育"神",第一次与这句话结缘是在龙外举行的校长论坛上,来自上海格致中学的张志敏校长说:"校长之于学校领导的'三重境界':称职的校长管'形'(行事规则)、优秀的校长聚'心'(集体人格)、卓越的校长育'神'(学校文化)。"

具体而言,"神"就是学校文化。

学校文化反映着学校的办学传统、管理理念、价值追求等,是引领学校个性发展的灵魂,也是推动学校可持续发展的强大动力。

哈佛大学校长研究中心创办人罗兰·巴特说过,"对于一所学校来说,没有什么比文化更重要了。对于学校文化来说,没有人比校长更具影响力了"。

校长不仅是学校文化创新和文化发展的关键所在,更是学校文化的塑造者和领导者。

校长应该怎样育"神"呢?

美好教育,价值追求

德国社会学家马克斯·韦伯认为,在形塑社会的政治和经济行为上，文化是一个关键元素。

在一所学校的办学过程中，学校文化是决定其兴衰命运的支点。

校长作为精神领袖，必须有这样一个意识：价值观永远是第一位的，价值观的引领远比其他引领更震撼人心、更有影响力和号召力。

2010年，我就构建了自己的教育哲学思想，在全国率先提出"美好教育"，把"教育，让生命更美好"作为教育理想。

2013年2月，龙外筹建的时候，我便将"美好教育"理念带到龙外，并根据学校实际从战略的高度顶层设计了学校理论体系和实践体系，如"至善至美"的学校校训，"本真、向善、唯美"的学校精神，自然化、人文化、国际化的"三化"办学原则，以文化引领发展、以明师培养学生、以特色彰显品质的"三以"办学策略，会友好相处、会智慧求知、会优雅生活的"三会"美好学子育人目标，"让学生有美好记忆的学校"的办学愿景（如下图）。

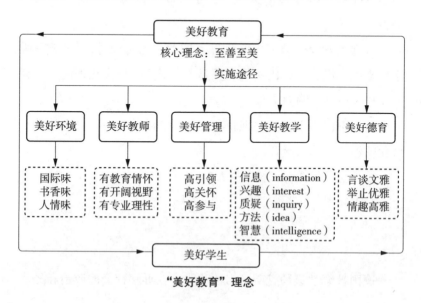

"美好教育"理念

各种元素在"美好教育"信仰的引领下产生互动,让所有龙外人感受到理想召唤、愿景期望。由此所创造的激情和智慧,成为学校发展的强大精神动力。

校歌文化,共同愿景

龙外创建的时候,我提早半年来到还是工地的校园开展筹备工作。那段时间,我的主要精力都放在了理念、文化、课程等建设上,尤其是校歌。

当时的龙外校园还处在一片钢筋水泥的嘈杂混乱中,紧张的建设现实距离美好龙外蓝图落地还有很长的路要走。

有什么能成为一面旗帜,引领我们的梦想呢?校歌,哪怕没有完整的校园,也要先把校歌做出来。

这就是我给自己的答案。

我把校歌取名为《在这美好校园》,想象着美好校园首次迎接师生入校那一刻的情景……

因此,我从师生进校如沐春风的体感、校园教学或学习生活的观感、校园生命成长的动感三个立脚点亲自撰写校歌歌词。

歌词里的每一个用词、每一个字,我都反复琢磨、推敲、试唱。

有了歌词,经过修稿、配曲,再到成形、录制,校歌的雏形就有了。

2013年9月1日,龙外迎来了第一批学子。

"早晨的风,吹拂我们,我们像朝霞一样清新,阳光雨露,滋润我们，同学少年迈向金色前程……"校歌回荡在这美好校园，我们开启新的征程。

先有校歌，再有完整的校园。

我将所有的美好期待与想象写在五线谱上，用动人的旋律唱出龙外美好的样子，用有声的文化凝聚所有龙外师生。

这就是共同愿景和精神旗帜的引领。

校徽标志，精神图腾

龙外是在校园施工还没有完全结束的状况下开办的，一半是工地，一半是校园。但这并不影响我们对校园美好、教育美好的憧憬，因为校歌里有我们的共同愿景，校徽给了我们"龙外人"身份标志。

在龙外的第一次教师大会上，我告诉他们：龙外校徽虽形似盾牌，但依旧保留圆形弧度，代表中国文化传统教育的精髓未变，希望龙外教师行明理致善之道，求人性教育之真。我会向老师们阐述校徽的色彩，翠绿象征绿苗崭露，生机勃勃，茁壮成长的学生们；梵帝绿象征呵护绿苗周围的参天大树，喻指兢兢业业、孜孜不倦的老师们，希望龙外教师引领每一位学生美好成长。

孩子们来龙外的第一件事就是：接受我给他们发的校徽。

"I am from LFLS。"孩子们会指着校徽上的英文缩写骄傲地解释：第一个"L"代表 Longgang（龙岗），"F"代表 Foreign，第二个"L"代表 Language，"S"代表 School，合起来就是"龙岗区外国语学校"。孩子们也会告诉你：校徽上的"2013"代表学校是在 2013 年成立的。

这就是学校历史与文化的传承。

文化手册，美好密码

只要你走进龙外教师的办公室，就会发现每张桌上都摆放着一本《龙外教师文化手册》。

卷首语上，是我写给每位新教师的赠语："在你进入龙外伊始，翻开这本手册，你将渐渐熟悉我们的校园，了解龙外的文化、龙外人的精神、龙外师生共同奋斗的愿景，我们衷心希望她为你点亮一盏温暖的引航灯……"

正如这句话描述的一样，这本手册就是龙外教师的精神"引航灯"。

每位新来龙外的老师做的第一件事就是学习《龙外教师文化手册》。

手册从学校的理念篇、师德篇、礼仪篇、制度篇、发展篇、流程篇、法规篇七个方面介绍了学校顶层和底层设计内外双循环建构的"四梁八柱"。

魏书生说过："校长应赋予制度生命的活力，制度不是冷冰冰的条条款款，它有生动的内在的思想。"

我们的制度叫密码，"龙外教师十大美好密码""龙外女教师十大美好密码"……这些"密码"让学校文化更形象，更具示范性和引领性。

龙外教师美好密码：

1. 做职业尊严和欢乐的享受者。

2. 思想决定高度，态度决定一切。

3. 把平凡的事情做到极致。

4. 没有完美的个人，只有完美的团队。

5. 教育不是雕刻，而是唤醒。

6. 教育技巧的全部奥秘在于如何爱学生。

7. 教育是慢的艺术，需要我们静听花开。

8. 每个学生都是独特的、有巨大发展潜力的生命个体。

9. 教学是在尊重、信任、有趣的气氛中进行的。

10. 实现教学效益的最优化就是实现学生利益的最大化。

龙外女教师美好密码：

1. 学识决定眼界，眼界决定格局，格局决定一生。

2. 以欢喜心做事，以感恩心做人。

3. 用自己的光去照亮世界。

4. 保持觉察力，保持平和淡定，让自己有一颗喜悦、自由、爱的心。

5. 能够体察体谅他人的情绪和想法。

6. 勇敢地突破舒适区，坚持初心，在更广阔的天地里，清丽出尘。

7. 坚持去做你想做的事，整个宇宙都会为你让步。

8. 反思自己的内心渴求，学习去接纳自己并归纳过去的成功经验，让你成为自己幸福的主宰者。

9. 保持行走状态，不断丰富对生命的体验，让生命的宽度和厚度不断扩展和延伸。

10. 身体内外的健康，内心深处的喜悦，物质的富足和精神的充实。

这就是龙外教师由内到外、由心到行的文化陶冶。

多元评价，成长动能

苏联心理学家及教育家赞可夫这样认为："激情，是所有教育者应该具备的品格，更是所有管理者必需的品格，教育管理者的激情在于激发教师激昂的热情……"

怎样激发教师的职业激情？怎样提升教师的职业境界？校长要激扬教师生命活力，通过能够保持永恒魅力、唤起教师心灵、激发教师激情的机制来唤醒教师对教育的自信与自觉、热爱与坚守。

评，促进教师自我成长。

我们引导教师制订教师三年专业发展规划，激发自我发展、自我评价、自我激励的内驱力和反思力；成立学术委员会，建构以教师发展性评价为主体和终结性为补充的全方位、过程性、发展性、动态性的评价机制；坚持评教评学的常态化，通过开展"教师满意度调查""家长会问题反馈""校长公开信箱"等形式，实现交互性反馈，形成成长性吸纳机制；设计《教育教学情况调查表》，面向学生开展教育教学情况调查，以教学行为评价促教师专业反思。

激励，激发教师职业热情。

颁奖词：一直以来，她用耐心、爱心对待每一个孩子，用专业的精神专注教学；她倡导海量阅读，经常能看到她领着孩子们一起阅读的身影；她主张释放孩子天性，走进学生的心灵，做孩子心灵的呵护人，引导学生健康、快乐成长……她，就是来自小学部的易艳慧老师。

这是龙外"月度教师"的一段颁奖词。

在龙外，我们有激励教师成长的"三个一"评选：每月"月度教师"、每学期"星教师"、每学年"年度教师"。此外，创造各种机会，运用多种方式，发现并展示每位教师的闪光点，搭建平台，让教师的才能和工作得到充分认可。

表彰，催生教师成长动能。

"一所学校的管理者不仅要有一双发现崇高的眼睛，也要建造一架传递崇高的桥梁，不仅要把一位位卓越的老师推向社会，更要把教师这个职业中的崇高向大众诠释。"我很喜欢李希贵老师的这句话。

所以，我们每次的教师大会都有隆重的表彰环节，通过媒体展示优秀的老师，让其他老师感受到杰出的人就在我们身边，榜样的影响力就是无形的成长动力。

卓越的校长育"神"。在龙外，"神"是教师的文化共识，是学生的归属认同，是全体龙外人为教育美好而不懈奋斗的生命内核，更是学校品质发展永葆生命力的活水源头。

管理者的"六脉神剑"

小时候的我,虽为女生,但很喜欢看武侠小说,尤其是金庸先生的。

金庸的武侠小说中,《天龙八部》是我比较喜欢的一部。

书中最强的武功莫过于六脉神剑。大理段氏的六脉神剑,一灯大师只学会了入门功夫一阳指,就成了五绝。

"六脉神剑",有质无形,并不是指具体的兵刃,而是一种汇聚武者自身内力来击败对手的招式,是一套将剑意转化为剑气的高深武学。

2004年,"有质而无形"的六脉神剑被马云用在命名阿里巴巴公司企业文化价值观上。在卸任演讲中,他说:"阿里巴巴从20年前到现在,所有重要的决定都跟钱无关,都跟解决社会问题有关,跟使命、愿景和价值观有关。"

这些看不见的经营理念、经营思想和经营哲学,无疑是企业最核心的竞争力,是企业成长壮大、持续经营、基业长青的坚强保障。

企业如此,学校更是如此。

办学校就是办文化。学校内涵式发展必须培育优秀的学校文化。其中,管理文化是学校文化建设的重要内容,在学校文化建设中具有引领、示范的作用。

学校管理文化主要针对中层管理者,他们是学校的中枢系统,是执行者、服务者和引领者。学校的战略思路与工作目标必须经过中层有效传达和管理才能落地执行。可以说,中层管理者决定着学校能否健康持续发展。

作为校长,我深知:学校管理赢在中层。中层管理者要心中有爱、眼中有光、手中有剑。龙外管理者手中的剑,我们也姑且称之为"六脉神剑"(见下图)。这把剑由上自下有三层:顶层是龙外的核心价值观,即以人为本,永葆奋斗者的姿态,用教育品质赢得尊严;中间层是做事准则,即"三有"(有领悟力、有学习力、有执行力)、"三会"(会策划、会沟通、会表达);底层是做人目标,即"三讲"(讲德行、讲规矩、讲大局)、"三能"(能传承文化、能带团队、能出业绩)、立己达人。

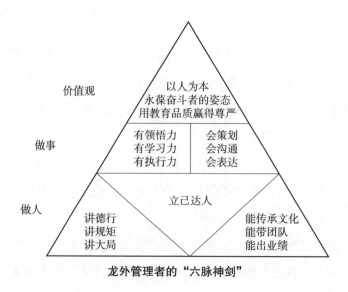

龙外管理者的"六脉神剑"

核心价值,龙外管理者的精神旗帜

以人为本,即以师生为中心,尊重师生,服务师生,发展师生;永葆奋斗者的姿态,即自我迭代,主动成长,人人学习,相互成就,充满热爱和好奇,永葆创业时的激情和奋进精神;用教育品质赢得尊严,即塑造美好教育品牌,珍视并创造荣誉,用质量赢得尊严,用实力彰显价值。《孙子》有言,"上下同欲者胜"。龙外中层管理者共享愿景承诺、内化核心价值,成为学校管理文化的活水源头。

"三有""三会",龙外管理者的进阶法宝

领悟力是中层管理者的领导根基。麦克斯威尔指出:"领导者是知道方向、指明方向,并沿着这个方向前进的人。"作为学校中层,没有领悟力,就没有决断力,更枉谈领导力了,看清本质、洞察趋势、明确要求、指出方向、开拓局面的能力是中层管理者的领导根基。

学习力是中层管理者的内在需求。壳牌石油策划经理盖亚斯有一句名言:唯一能持久的竞争优势是胜过竞争对手的学习能力。在学校管理实践中,中层管理者的学习力就是学校的发展力,具备永续竞争力管理者的标志就是:要学习,会学习,终身学习。学校中层管理者要有向书本学习、现场学习、终身学习的意识能力,更要有自我超越、走出舒适区、永远保持强大学习力的行动追求。

执行力是中层管理者的做事根本。管理20%在策略，80%在执行，没有执行力，一切战略等于空谈。执行力也是学校发展的核心竞争力，建设具有强大执行力的中层管理团队是塑造学校竞争力的有力保障，所以，我们要求中层管理者做到"三不"：不拒绝、不打折、不拖拉。

会策划体现中层管理者的领导智慧。管理大师彼得·德鲁克反复强调："管理者的工作必须卓有成效！"卓有成效的重要体现就是细节完美，而细节完美的必要条件就是策划到位。"怨在不舍小过，患在不预定谋。"做好学校的中层管理者，策划与执行同等重要，有主题、有创意、有落实的策划活动需要将无数的细节做好，体现管理者的智慧。

会沟通体现中层管理者的协调能力。英国管理学家威尔德说过，管理者的最基本能力是会有效沟通。掌握沟通的规律，巧妙运用沟通的艺术，是管理者的一项必备基本功。高效沟通需要三个重要的能力：信任、共情、共识。我们需要以同理心来感受对方情绪背后的需求，需要以包容心接纳不同的意见，需要以欢喜心用正确及令人心生信心的言行与他人沟通，本着我尊重、我倾听、我接纳、我建议的沟通机制，建立彼此的联系。中层管理者沟通的目的在于达成共识，有价值地沟通也是协调关系的法宝，对于团队建设意义重大。

会表达体现中层管理者的专业素养。从某种程度上说，管理者能够借助高妙口才的管理艺术，在管理活动中进一步融洽管理与被管理之间的人际关系，为彼此共同的工作、学习创造良好的人际环境。逻辑思维清晰、语言描述简洁、富于感染力的表达，凸显中层管理者的领导力。

"三讲""三能",龙外管理者的做人目标

讲德行是中层管理者的职业道德。孔子曰:恭、宽、信、敏、惠,能行五者于天下为仁矣。现代管理学之父彼得·德鲁克也认为正直的道德是领导者应具备的唯一的绝对条件。作为学校中层管理者,一定要有相对数量的、独特的,并且能与他人区别开来的品质,增强其领导的有效性。诚信、以身作则、体贴、说到做到、善于倾听、有责任感、尊重别人、不吝鼓励、乐观、热忱,这是领导者最重要的 10 个特质,也是龙外管理者必备的道德操守。

讲规矩是中层管理者的职业素质。"不以规矩,不能成方圆。"纪律是个人及团队甚至整个社会的生存之本。中层管理者在一定程度上起着师德与教风率先垂范的作用,更应该在政治纪律、组织纪律、廉洁纪律、群众纪律、工作纪律以及生活纪律上严格要求自己。讲规矩才能言行有据、办事有法、用权有度,这是龙外管理者的职业素质。

讲大局是中层管理者的职业操守。学校是一个环环相扣的复杂系统,任何部门或成员的一个举措,都有可能对主体产生这样或者那样的影响。作为中层管理者,一定要有整体大于局部、合作大于竞争的共赢意识。只有心中有全局、行动顾大局,才能更好地推动学校各项工作的有效执行与落地。

能传承文化是中层管理者的角色定位。文化的积淀、传承、

发扬和升华是学校建设不可或缺的重要部分,更是学校持续发展的生命源泉。中层管理者的根本定位就是学校文化的传播者和建设者。倘若学校中层管理者都能成为传承文化的一粒种子,就可以寻得学校发展的根,让学校文化生根发芽、枝繁叶茂,甚至长成参天大树。

能带团队是中层管理者的能力要求。中层干部是校长管理的延伸。学校建设目标能否实现,计划措施能否到位……关键要看中层管理者能否有效管理其所在部门,能否带领部门团队将各项工作落到实处。团队就是力量,中层管理者必须具备有效建设团队、发挥团队效应的能力,这样才能带领部门人员高效工作、创造业绩。

能出业绩是中层管理者的职责所在。学校中层管理者是学校事业发展的建设者,对学校发展应该也必须有作为、有贡献。

立己达人,是龙外管理者的使命要求

"立己达人"出自《论语·雍也》:"夫仁者,己欲立而立人,己欲达而达人。"立己即自律自强,达人即尽责尽心;立己着眼于增强自我修养,达人侧重个人的社会责任感。没有一个"站立"的自己,如何培养一个"站立"的学生。正因为如此,龙外管理者要有"立己达人"的使命、"立德树人"的担当。

因为"六脉神剑",龙外管理者将成为这样的人:与学校建立生命联系,做师生生命成长的范本,积极主动,带领团队做美好教育品牌的创造者,做龙外集团建设的先行者。

美好教育的创造者

从龙外建校伊始,我就在思考应该打造一支怎样的教师队伍,龙外的教师应该具备哪些不一样的特质呢?后来,我提出了龙外教师十条美好密码,其中第一条便是:做职业尊严和欢乐的享受者。尊严与欢乐来源于对美好教育的追求与创造。

教育的常识告诉我们,教师是一项以人格来培育人格、以灵魂来塑造灵魂的职业。就学校的发展而言,教师是学校的"第一生产力",只有美好的教师才有美好的教育。

龙外的教师具有什么样的生命状态,具备怎样的美好创造力呢?我先给大家讲几则发生在龙外教师身上的故事。

理想教师的必备品质是爱学生,而爱的基础就是具有博大的父母本能。强大的"父母本能"——彭伟基老师做到了。三年如一日,她坚持写班级日志,点点滴滴记录学生的成长。"只要和孩子们在一起,我就要一天不落地记录。"在她的影响下,学生们也有自己的成长日志:课堂记录、作息时间、备忘手记、自我规划书等,五颜六色的标记都是学生成长的印记。慢慢地,彭老师私人的班级日志开始在班级传递,很多同学想手写班级历史。"如果你在本子上写满爱的故事,总有一天,这个本子会长满爱心。"彭老师用满满的爱心浇灌每一位学生的心灵,孩子们也学会了爱的表达。"爱,是不会白费的,你所种下的种子,在你看不见的地方,其实已经悄悄生根发芽了。"这是彭老师对爱的创造力。

涂丹妮老师是龙外第一届九年级毕业班的班主任,42 位学生虽已毕业,但每一位同学都有一本涂老师亲自编辑的班级纪念册《金蔷薇》。"金蔷薇"是他们的班名,多少不舍、祝福尽在其中。"丹心向阳,妮等花开"——在每一本《金蔷薇》上,她都写上了这句话。涂丹妮老师相信:有的花,开始就很灿烂地绽放;有的花,需要漫长的等待。相信花都有自己的花期,如果哪一天种子没有开花,或许因为他是一棵参天大树呢!这是涂老师对信任的创造力。

"投入心灵才能闻到生命的芬芳。"语文老师王芹每次手捧学生的作品,都会爱不释手。她要把学生的诗集编辑成册,把学生的创作单甚至一分钟演讲内容都编辑成册,即便加班修改也乐在其中。"爱学生,就要给他们提供最好的学习资源,真心付出,才能成全学生对美好生活的向往。"她像抢救文化遗产一样,记录整理孩子们的学习成果,用做奢侈品的态度打磨和呈现学生的作品。这是王老师对"成全"的创造力。

作为一名 90 后班主任,孙海飞老师对教育热情而执着。在通信无比发达的今天,他认为社交软件的普及虽然让交流变得快速,但对于家校的沟通并不能深入,更愿意让家校沟通回归家访这种最朴实的方式。于是,他更多地通过写信与家访和家长交流。一封封感情真挚的信,在老师与家长之间温暖地传递;一次次不知疲倦的家访，让老师、家长、孩子们感受彼此的真诚。每一次家访，每一次心灵的触动，都是一个美好的成长故事。这是孙老师对家校沟通的创造力。

"我喜欢蹲下来听孩子说话"，胡海燕老师是小学一年级的班主任。新生开学的第一天，她为班级举行了特别的生日会，告诉孩子们：六年时光，我们在这里一起学习、生活，每年的9月1日是班级的生日，班级会一年年长大，我们也要一年年成长。哪一个孩子会拒绝老师如此美好的初心呢！这是胡老师对教育仪式的创造力。

……

这样的龙外故事，还有很多，每一个引导学生成长的故事都格外让人动容。我想，没有什么比见证生命的成长更美好的事情了。

龙外的微信公众号曾推出"美好记忆"专栏，分享毕业生在母校的美好点滴与成长经历，从这些毕业生的文字中，我们更能清晰地看到"龙外老师的模样"。

"两年来，我的点滴小事，竟都有她的悉心指导与陪伴。无关我的成绩，只是因为她心里，有如暖阳般的包容和爱。"（毕业生写涂丹妮老师）

"菲菲是我可以无条件信任的师长，更是一位不可多得的益友，在我迷茫的时候，是她一次又一次给我信心和正确引导。她是那样善解人意，用温柔来形容她太过局限，在我心里，她就是温柔。"（毕业生写罗亚菲老师）

"她人见人爱，是因为她永远看到的是别人的闪光点。即使

世界绝对零度，爱你依然自发。"（毕业生写王明源老师）

"他的笑容那样阳光，两年来在我无措的时候，他的笑容无数次给了我继续走下去的勇气和信心。"（毕业生写孙海飞老师）

……

我本以为"龙外教师十条美好密码"对老师们过于苛刻，但没有想到的是老师们做得更好，超出我的想象。他们已经从"他定义"走向"自定义"，人最大的价值莫过于对自己的清醒认识。

龙外教师对美好教育的创造力为什么会如此强大？

老师们在每年一届的"龙外精神"大讨论会上给出自己的答案。有老师感叹：龙外人应该做到"爱生如子求至善，精进团结求至美"，既脚踏实地又仰望星空。也有老师总结：龙外精神即尊重每一个孩子的选择，看重每一个孩子的成长；让孩子的获得超越书本知识；用自身的生命力量去影响、感染孩子，让孩子发现每一种可能。

见证着孩子们的美好成长，倾听着老师们的美好表达，我想从思想力量的源头来解读这个问题。

龙外教师对美好教育的创造力离不开育人这根准绳。苏霍姆林斯基有言："学校的学习不是毫无热情地把知识从一个头脑装进另一个头脑去，而是师生之间每时每刻都在进行的心灵的接触。"育人就是育爱。爱是尊重与信任、包容与理解、热爱与关心。"教室里的每一个小孩，是一棵树，是珍贵的生命，是夜空中飞翔的萤火虫，是运转的星星；他们都有自己的生命。"爱也意味着要站在儿童的视角，考虑儿童的内在感知、生理与心理需求。

龙外教师对美好教育的影响力是示范。示范的前提是做一个充满人格魅力的人。俄罗斯教育家乌申斯基指出："在教育工作中，一切都应以教师的人格为依据，因为教育力量只能从人格的活的源泉中产生出来。"教师的人格是对学生无形且又最有力的示范。什么是最好的教育？老子曰："处无为之事，行不言之教。"孔子曰："其身正，不令而行；其身不正，虽令不从。"美好的教师应当既是经师更是人师，注重春风化雨、立德树人，通过言谈举止、精神风貌和价值取向，使学生产生对真善美的敬畏和追求之心。

龙外教师对美好教育的自信力是专业。美好教师应当能够充分把握教学过程中学习领导者的优势，精心设计教学内容，让学生在快乐、兴趣中产生学习和探索的欲望，尊重和鼓励学生质疑，培养他们思考的习惯和能力，引导学生由被动学习转为主动学习，由被动思考转为主动思考。有专业力量的教师能够深刻认识到发展学生的自主性、激发学生的学习动力是学生获得成长的根本保证。"真正的老师只对他自己下功夫，就像磨一面镜一样，他把自己最终做成了镜子。但他是一面没有目的的镜子，它并不去有意寻找谁的脸来照。它只是在那儿，但来到它面前的人看到了他自己。他是一座桥，借着他，你只是来到了你自己。"美好教师会以自己的专业水准在不知不觉中对学生产生积极影响。

龙外的每个学生都是饱含生命力的种子，有的是参天的大树，有的是坚韧的小草，他们生长在斑斓的世界里。

龙外教师的使命就是培育好这些美好的种子，让他们在生命的最初阶段生发出成长的活力，让美好伴其一生、惠其一生。

自然的力量

龙外集团星河学校附近有一条小道,小道旁有一片废墟,那里荒草丛生,乱石杂陈。人们每每经过时,便加快脚步,恨不得早早逃离。

今年春夏之季,小道添上了"新装",由"丑小鸭"悄然蜕变成"白天鹅"。道路旁加上了一排矮矮的白色栅栏,将荒草区和行人区分离。

有段时间未到星河学校,再来时,小道的景致让我惊叹:那排排栅栏上爬满了嫩绿的藤蔓,像训练有素的士兵一样整齐地攀爬在栏杆上,将栅栏点缀成一道郁郁葱葱的绿色连廊。更有趣、更美的是,藤蔓上生出一朵朵娇羞的紫色牵牛花,那些花儿迎着清风,沐浴着阳光,自由随性地盛开着、绽放着,仿佛在说:"我在开花,我们在开花!"

这一派生机勃勃的景象,使这块荒僻之地成为附近居民的网红打卡地。

我被这纯粹的自然之美震撼,尽管周遭环境不尽如人意,但是这些牵牛花"见缝插针",哪里能生长,就把哪里当成"诗和远方"。大自然总是如此神奇、恩惠,赋予万物生长的力量,我们姑且称为"自然的力量"吧。

　　自然的力量就是生长，不顾一切地生长。春生夏长秋收冬藏，自然界的规律同样适用于人。人的一生都在不断生长，不管是身体的还是心灵的。尽管生长有积极与消极的区别，但我们应该做到一视同仁。我们对待生长的态度除了尊重外，还应该抱以欣赏。没有什么比生长更能带给人美好的感觉，所以，当孩子在成长过程中遇到各种问题时，我们应该视为正常，而不是"异类"，一起解决问题，让孩子感受生长的拔节和律动。学校教育最不应该回避的就是生长的"消极性"，而是应当创造"积极磁场"去化解这些"消极性"，为生长畅通渠道。美好教育倡导美好生长，我们不应排斥孩子的缺点，而是引导他们向着美好的样子生长。有了明确的生长方向，才会有清晰的行动举措，这就是向阳而生、择善而行。

　　自然的力量就是挑战，迎难而上去拼搏。种子在这片贫瘠的土地上经历了多少凄风苦雨才"蔚然成花"，它们敢于向一些阻碍生长的势力挑战。每个孩子都有挑战的愿望和能力，挑战就是突破，不断突破自身局限。尽管挑战可能会遭遇失败，但积极的精神能量应该被激发。在教学领域有一个理论叫"最近发展区"，通俗的说法就是"跳一跳摘果子"。找到每个孩子的"最近发展区"，信任他、鼓励他、支持他，他就能在进步的成就感中完成一个又一个小目标。龙外的"美好兑兑吧"是一个"小目标银行"，一级级美好进阶，对应着一个个挑战，老师、家长参与评价，达成目标有奖励。孩子在挑战过程中形成自控力、辨别力、行动力、耐力等，习惯成自然，美好的模样渐渐长成。

自然的力量就是创造，创造属于自己的一片天地。没有两片叶子完全相同，每个人都在寻找属于自己的生长空间和生长轨迹。每一个生命都充满了创造性，向阳而生、攀藤而上、含羞待放、花枝招展等，都是创造的奇迹。这好比孩子的创造力是无穷的，我们只需要点燃创意的星星之火。美好教育基于自身的创意实践实现了每一个生命的创意生长。"美好教育核心价值理念引领学校创意发展的龙外实践"获得众多教育专家的高度认可，"品牌化学校发展设计"被作为典范推广。相比学校整体成就，我们更关心人和生命如何生长。学校的十个主题月是孩子的最爱，因为他们可以自由设计活动方案、流程、舞台等，老师、家长全程配合。儿童议事厅让孩子们参与学校管理，社团课程由孩子"点菜"，学科活动、创意发明、手工制作、全球移动课堂、项目式学习等让孩子在体验中创造，在创造中生长，在生长中遇见美好的自己。

自然的力量就是永恒，生长永不止步。时序更迭，周而复始，自然的力量在循环中见证永恒。可以设想，明年这个地方还是姹紫嫣红。自然的力量能永恒，教育的力量也能永恒吗？爱因斯坦在《论教育》中说："教育就是忘记了在学校所学的一切之后剩下的东西。"这些东西才是学生成长的永恒力量，如精神意志、习惯品质等。美好教育优化教育生态，着眼于面向未来的教育设计，让未来与永恒成为生长的动力源。"我在中央"的教育理念让学生过不一样的学习生活，掌握的不仅是必备的核心素养，还有适应未来社会的思维与境界、人际交往与社会沟通等。从龙外毕业的孩子有很强的适应力、生长力，综合素养格外突出。成为美好的人不是完成时,而是进行时。因此,让孩子拥有持续生长的能力,才是教育的根本任务。

我期待并坚信"明年花开",正如坚信龙外的美好教育能让每一个孩子都拥有"自然的力量",生长为美好的人。

教会孩子浪费时间

有一篇推文吸引了我的眼球——《中国人最缺的教育,是学会浪费时间》。文章说我们越是精确计算时间,越想每一分钟都有价值产出,就会越背离生活的美感与真实。

古人常说,"一寸光阴一寸金""少壮不努力,老大徒伤悲"。珍惜时间,是站在宏观的角度认知时间,并没有把时间精确分割并计算单位时间的价值产出。时间跨度应该是一种空间概念,我们应该考虑的是比例分配,做时间的规划师,而不是被绑架者。

现实情况是,许多家长和老师包办了孩子的时间。学校有学校的作息时间表,家庭有家庭的作息时间表。孩子们被驱迫着做无休止的功课、接受课外辅导,没有一点儿玩耍的时间。没有休息的时间,没有游戏的时间,更没有偷懒和自由呼吸的时间,孩子好似上紧了发条的时钟,一刻不停地旋转着。学校和家庭制定的时间表贯穿着权利逻辑,是对人的肉体的操控,导致肉体丧失了精神和理性。教育时间设计中的最大弊端是"满"和"精细",导致了机械化和碎片化的人生。我们呼吁把时间还给孩子,教会孩子浪费时间。

其实,浪费时间是另一种意义上的时间利用。约翰·列侬说:"所有你乐于挥霍的时间都不能算作浪费。"当孩子们把时间投入喜欢的事情上,他们收获的是兴趣、友谊、品质等综合能力。孩子每天花一两个小时打篮球,可强身健体,又可磨炼意志,培养团结协作精神;孩子每天花时间画画,看似无用,实则是在构建自己的想象空间,培养审美能力,他的绘画经历将被运用在文学、音乐、建筑等学习体验中;瓢泼大雨时,室内根本无法上课,老师干脆停下来,让孩子们静坐听雨,这不是浪费时间,而是在教学生要有从容的心境;带孩子去郊游,孩子们玩得开心,更关键的是触摸到了自然的节律,感受到了自然的生命活力,激发了他们创作的热情。这就是典型的"失之东隅,收之桑榆",把当下的时间放空,未来的时间才有发挥的可能。与其说是挥霍时间,不如说是增加了挥霍的附加值,真不希望把"时间都去哪儿了"的遗憾留给最需要挥霍时间的孩子。

因此,智慧的教师和家长懂得给时间做减法。现实生活中,绝大部分家长、老师恨不得一天有25个小时让孩子学习,尽管对学生的在校时间有明确规定,但课外辅导、兴趣班仍占去孩子大半的休息时间。但是不是学习的时间越长,效果越好呢?对教育而言,应该对时间做减法。卢梭语重心长地告诫道:"最重要的教育原则是不要爱惜时间,要浪费时间。误用光阴比虚掷光阴损失更大,教育错了的儿童比未受教育的儿童离智慧更远。"对孩子时间的压榨,体现了教育的急功近利和父母望子成龙、望女成凤的焦虑心态,孩子被放在时间的"真空"里,怎会有空间的拓展,更不要奢求精神的独立和自由成长。这种畸形的成长过程会导致孩子的精神缺钙,这就是高学历的人缺乏生活能力和很难适应社会现实的主要原因。现在,很多父母经常会忘记这样一个道理:"一个没有'浪费'过时间的人终将一事无成……"

"儿童没有时间当儿童,少年没有心情做少年,成人没有空间为成人",林清玄也如此警醒我们,"如果我们的孩子从小没有时间当儿童,没有游戏、歌唱与笑闹,我们可以预见二十年后,我们的社会将会没有诗情、没有文学、没有音乐,也没有文明。"当一味给孩子做教育时间的加法,就是误用光阴,即使不远离智慧,也难做生活的强者。教育时间的此消彼长,绝不是用多和少去衡量,因为它决定了精神空间的宽广度。

常听到家长抱怨:"两个小时了,你才写了这么一点点。"对孩子来说,两个小时仅仅是一个概念,他的时间节律完全根据自己的认知去掌控,这也是孩子通过时间维度去认识事物,并建立起自己感知事物的思维和方式。所以,"有一种快是妈妈觉得很快"成为调侃语。时间是一种抽象的维度,孩子对时间的感知也是自我塑造的过程。写了两个小时不是磨蹭,而是他认知事物的节奏使然,记住的是"我写了什么",而不是"我花了多长时间在写"。

这是一个快节奏的时代,连吃饭都用快餐来解决。人们拼命追赶时间,"忙"成为常态。"忙",左面是心,右面是亡。人太忙,心就丢失了。所以,要想活得美,首先要懂得停下来,懂得浪费时间。浮士德在生命结束时说:"真美啊,你停下来吧。"李渔写过一副对联:"名乎利乎道路奔波休碌碌,来者往者溪山清静且停停。"怎么停下来?不妨多一点闲暇。学校(school)一词最早来自古希腊语,意思就是闲暇,学生必须有充裕的时间体验和沉思，才能自由地发展其心智、能力。爱因斯坦说："负担过重必然导致肤浅。"多一些闲暇，就多一些创意的生发。自习课、社团课、趣味运动时间、快乐电影时间等，让学习生活的节奏慢下来，就是给孩子咀嚼时光、涵养智慧的机会。

教育闲暇就是要给学生更多自由发展的空间。没有闲暇，就没有自由发展，就没有对世界深刻而独到的感悟、体认和把握。兴之所至的自由阅读，超越功利的精神漫游，放下压力的沉思冥想，最有可能创生独到的思想……这些才是我们应该给予孩子们的"教育"。

学校有灵性，教育有温情，师生有生气，首先要从时间上做文章。我们乐于挥霍的时间都在以另一种方式回报我们；给时间做减法，就是给精神成长的空间做加法；当我们放慢时间节奏，就收获了一路美好；教会孩子浪费时间，就是在教会孩子利用好时间。

认真对待玩耍

闲暇时间,我与同事到宜家采购。宜家的家具简约、清新、自然,与龙外的风格和气质很吻合。

移步换景于各种样板空间,我沉浸在构思布置美好校园的幸福感之中,不禁感叹:"要是孩子能在这样充满创意的空间里玩耍,该有多好!"

时间过得很快,一晃便到了午饭时分,我们在宜家自助餐厅用餐。

餐厅附近有一个儿童游乐区,墙上有一幅大大的广告,广告上的文字深深地打动了我:我们一直相信孩子是世界上最重要的人,所以我们认真对待玩耍这件事情,不仅是出于安全的考虑,而且他们玩的东西必须能够激发他们的想象力和创造力!

正如教育与创意大师罗宾逊所说:"自在、自发的简单游戏行为有助于释放孩子与生俱来的创造力、想象力、兴趣和才能,有助于孩子探索自我,并赋予他们面向未来的宝贵技能。"

玩耍是童年时代最快乐的事情,是真正属于儿童的生活,也是最适合儿童生长的土壤。重新认识和评估玩耍,是我们破解成长难题的重要突破口。

玩耍：因认真而有意义

"玩耍"，对于我来说，有特别的意义。

小时候，在检察院工作的爸爸被"下放"到湖南一小镇的氮肥厂工作。父母工作很忙，无暇顾及我们，学校功课轻松，又没有家庭作业，我便有了大把自由自在的玩耍时间。

春天，田野里的油菜花开得蓬勃热烈，翠绿的叶，明黄的花，错落地排列在田野中，这是大自然给我上的第一堂美学课。小孩子对美似乎有天生的敏感，我们爱上了这块"宝地"。在油菜花丛中穿梭、玩躲猫猫，踩着松软的泥土，闻着混着泥土味的阵阵花香，心里甭提多高兴。

夏天，是我们玩得最尽兴的季节。小溪、小河是我们最爱去的地方，河水清粼粼的，水底的鹅卵石和水草都清晰可见。我们喜欢把破窗纱绑到竹竿上做成捞鱼的工具，在小溪、小河里追逐嬉戏。鱼没捞到几条，小脸却晒得通红，身上的衣服也湿透了。

吃完晚饭，小伙伴们都迫不及待地在厂里的操场上集合，玩老鹰抓小鸡、扔沙包、摸瞎子、跳房子、跳皮筋等花样繁多的游戏。那些游玩的场景至今仍历历在目，偶尔想起，满是甜蜜的味道……

夏天的夜晚，房屋前后的丝瓜地里有很多萤火虫。我在家里找来小纱袋，把逮住的萤火虫装在里面，就像把夏夜的星星都藏在了手心里，内心无比欢喜。

秋天的果子熟了，一些小朋友爬上树或用竹竿打落，我们在树下抢着捡，被果子砸到脑袋也不觉得疼。

最盼望的，便是湖南冬天难得下的雪。房檐下挂着一排排的冰柱，我们敲下来，蘸糖吃，嘎嘣脆。小伙伴们一起堆雪人、打雪仗是少不了的，脸蛋冻得通红，玩得不亦乐乎。

我的童年，就是在玩耍中长大的。

父母很少干预我的玩耍，只要在安全条件下，他们都对我"放任自流"。他们知道，看似简单的玩耍，实则在磨砺我的"野性"。爸爸下班后偶尔也会加入我们的行列，晚饭后给我讲玩好游戏的方法和技巧，"夹带"些做人的道理。

同伴们认真地对待玩耍，他们从没把它看作一件随意的事情。玩耍的规则不能破坏、输赢不能改变，要讲究诚信文明，比拼技能和胆识，要会沟通和协作，要有同理心……我特别感谢那段玩耍经历，既是我学习理解和体验周遭世界的基本方式，也让我体验到了自由天性释放的乐趣，精神胚胎得以萌芽和发育，培养了生存能力。

玩耍：突然就变成"濒危物种"

审视当下，玩耍已经成为一个"濒危物种"，许多孩子似乎丧失玩耍的权利。如果孩子们不玩耍，他们平时会做什么呢？智能手机、电子游戏和平板电脑占据了他们的生活。即使是足球课、小提琴课、舞蹈课等兴趣班日程排得很满的孩子也是如此，这些兴趣班并不符合玩耍的定义。父母知道孩子需要通过知识、运动和音乐才能走向成功，所以他们格外重视这些活动，而把玩耍视为一种可以牺牲的、微不足道的消遣。

当代父母很焦虑，紧盯着孩子的升学现状，生怕孩子落后于时代的潮流，认为唯有控制孩子的时间分配，才能获得养育孩子的安全感与成就感。

"儿童的玩耍"在成人的眼里成了一件微不足道的事，可以被随意忽略和无条件挤占。于是，孩子们不是在学校上课，就是穿梭在各大补习班之间。

玩耍在孩子的眼里成了奢侈品、易碎品，即使被允许，他们也不知有何可玩、如何去玩。父母却抱怨道："一有时间就玩电子产品。"

事实上，玩耍是孩子成长中的一件大事。日本学者井深大认为："游戏是孩子的第二生命，是孩子的第一所学校。"乐高集团首席执行官约翰·古德温（John Goodwin）也说："让孩子拥有更多玩耍的时间，能让孩子更有能力适应未来职场和社会。"

在搭积木的游戏中，孩子们尝试着理解什么是手工平衡，什么是自我设计；捉迷藏的游戏中，他们斡旋于寻找线索与自我保护的体验；玩过家家，掌握协商和沟通的能力……有时候，孩子们会玩一些危险的游戏，如蒙眼抓人，在黑暗中摸索，学会如何克服恐惧，获得勇气。在玩耍中，孩子们模仿、体验、创造，以习得群居物种的生存规则和关键能力，学会与自然、他人、社会对话的方式。

玩耍：校园生活的另一种方式

玩耍不仅仅发生在校外，也应该成为校园生活的一种方式。

学校这个词最早源于古希腊文"schole",意思为闲暇,享受一种闲适,孩子有充裕的实践体验和沉思,才能自由而充分地获得心智能力的发展。

我们常对孩子讲:"认认真真地学习,痛痛快快地玩耍。劳逸结合,学习、玩耍两不误。"对待孩子玩耍的态度,一定程度上决定着孩子的想象力和创造力,决定着他们是否具备与未来社会共生的关键能力,决定着他们的快乐和幸福。因此,我们必须认真对待孩子的玩耍,引导孩子认真对待玩耍!龙外致力于办一所有美好记忆的学校,孩子们的美好记忆来自有足够多的玩耍时间和自由。

龙外的小广场里有"跳房子"的格子,跳绳、皮球等体育用品随取随用。龙外还有"十大主题月":淑女节、绅士节、科技节、体育节、英语节……主题月每年都面向孩子们征集活动方案,了解孩子们最想玩什么,再整合成系列活动。"淑女节"的节日标志设计,"绅士节"的投壶竞技游戏,让孩子们认识男生、女生不同的角色与特长;"雅言雅行月"的汉服秀,让孩子们了解中华民族的传统礼仪;"科技节"的 VR 等炫酷体验,让孩子联结未来;"读书月""体育节""国际文化艺术节"等主题活动,让孩子学做面向世界的中国人。

龙外还设有"私服日""闲暇日"。"私服日"那天,学校就像孩子的"秀场",每个孩子都可以穿上自己最喜爱的得体服装,有些服装甚至成为玩耍的道具。在"闲暇日",孩子们可以带上自己制作的各种零食,和三两好友来一场"草坪零食会",草地上,阳光下,处处都有欢声笑语。

学校开发的课程也具有游戏的趣味性、参与性、交互性和规则性。在线教学期间，吴燕妮老师设计了一款沙盒式建造游戏，名字叫"我的世界"，让孩子们用玩具做成的田字格去计算图形面积。孩子们在玩耍中最大的收获，不仅是赢得奖品的满足感，更是培养了解决问题的能力。三年级的"看龙外，绘地图"项目式学习，以校园寻宝游戏鼓励孩子用脚步丈量校园，用画笔描绘校园，用信息技术美化校园。参与、玩耍的课堂，提升了学生的想象力和创造力。

再如，龙外的期末乐考犹如一场嘉年华。考场被布置成一个充满童趣的"闯关乐园"，考题变成了游戏，考分被不同数量的鼓励印章取代，孩子们游走汉字宫、勇闯大迷宫、算账买东西……这样的一场"考试"，让学习变成快乐的期待，让知识变成幸福的体验，孩子们在游戏中享受学习、在学习中收获成长。

考试，也可以充满童趣。在"海洋奇幻"乐考嘉年华，孩子们手拿闯关积攒卡"勇闯天涯、遨游海洋"；在"迪士尼"乐考嘉年华，由米奇米妮陪伴孩子们踏上充满挑战的趣味之旅；在"羊村"乐考嘉年华，孩子们唱跳画答，用所学的各科知识通过层层关卡……

在乐考中，我们不仅听到了孩子们的欢声笑语，更看到了孩子们的规则意识，完成任务的创造力、好奇心和勇于再次挑战的魄力，为学生自主、积极、全面发展奠定了基础。

"好的学校是不管学生的自身条件如何、基础如何，都能在各自的生命历程中，焕发对美好事物的欲求，激活积极的生命状态。"

学校应该是孩子玩耍的学园、成长的乐园。孩子与生俱来的学习能力，应当在学校这片乐土中得到发展。我们认真对待玩耍，就能用孩子玩的天性驱动他们去发现、去探索、去实践，收获属于他们独一无二的童年。

我们认真对待玩耍，让孩子有时间当儿童，也让他们的世界里有游戏、歌唱与笑闹，这才是美好教育应有的状态。

春天来了,我们去春游吧

校长信箱里有一封三年级孩子写的信,她表达的愿望是好想和同学们一起去春游。每一个孩子的愿望都应被珍视。随后,学生成长部进行了周密细致的安排,春游终于成行。

孩子们在鹏城美丽乡村中插秧、打石臼年糕、挖马蹄、打地鼠,感受诗意的田园风光,享受悠闲的农耕乐趣;中午,孩子们动手烹饪美食,三三两两合作,一道道色香味俱全的美味佳肴消除了劳作的辛苦;下午,孩子们参加大鹏所城的定向越野、挑战任务、竞技通关,酣畅淋漓地过了一把游戏瘾。

事后,那位孩子又给我写信,说:"我把这段美好的记忆写进日记里,会时常想起那些快乐的场景,就像一次次身临其境的穿越。"

孩子的愿望很朴素,春游带给他们的欢乐很真实、很丰富,我也被孩子的快乐感染。很多年后,她可能会忘记课堂上学了哪些知识,但一定记得那次春游带给她的快乐体验。

我有这样的亲身经历:走出小学校门30多年了,很多知识和场景早已模糊和淡忘。但是,当年春游的场景却历历在目,恍如昨日。

我们在县城的学校读书,当年的春游并不是单纯地踏春,而是与"支农"相连。

从春节后开学的第一天,我们就开始盼望春游。盼望着、盼望着,春游的日子渐渐临近,小小的心也日益兴奋。

准备装树叶的袋子,吃的炒黄豆、地瓜干等小零食,盘算着穿哪件花衣服……差不多要为此提前"忙乎"一周。春游的前一天晚上,通常会兴奋得睡不着觉。

第二天一大早,便带上早已准备好的东西,和小伙伴们到山坡摘树叶。

春天的山坡,满眼翠绿,白色的、粉红的、火红的杜鹃花一丛丛镶嵌其间。小鸟欢鸣,童声吱呀,心也跟着欢腾起来。

遇到有油茶树的山坡,白白的山茶花清香袭人,蜜蜂在耳际萦绕,有时还能摘到茶耳和茶包,茶耳清脆,茶包甜软。

摘满一袋子或一大筐树叶,便要把这些叶子倒进农田里做绿肥。赤脚走在田间的土埂上,脚下细腻的泥土,吱吱地从脚趾间冒出。嫩绿的大堆树叶倒进油油的田里,田地里便又多了几分春色和生机。

这样的"春游"往往要持续一周。

这段闲暇的日子,是我学生时代最快乐的时光。那些情景和体验,滋养出我乐观的心境、对大自然的热爱和诗意,以及美好的情怀。这份心境、热爱和情怀,润泽着我,温暖着我。

春游是行走的课堂,延展学习空间,实现知识与生活的链接。

记得朗费罗这样赞叹春天:"可爱的春天带着花和曲的潮水

滚滚而来，让大地腾起花的浪涛，空中响彻着春的乐曲。"这样的春天，孩子们只有在"春游"这个课堂上才能真正体会。

尽管有考试、分数、安全的压力，我依然鼓励、希望孩子们到春天的田野走走看看。班级家委会会自发组织孩子们利用周末时间去春游，每一次的主题和内容都不一样，丰富多彩，让孩子们可以津津乐道很长一段时间。

苏霍姆林斯基说："学校的任务就是要使人们在少年时期就生活在美的世界之中；要善于把永恒的美展现在孩子们的面前——第一批春天花朵的开放、幼芽的萌发，第一批嫩草破土，第一只蝴蝶飞舞，第一声蛙叫，第一只春燕飞来，第一声春雷，麻雀第一次春浴……这些永恒的美展现在孩子们面前，慢慢被吸收、内化，形成概念和符号，终身影响着孩子们。发现美、感受美、表达美，永远保持对美的热爱和追求，做一个心灵澄澈、良善的人。"

"暮春者，春服既成，冠者五六人，童子六七人，浴乎沂，风乎舞雩，咏而归"，每每读到这里，眼前便是春光明媚、春意盎然的宁静和自由。

"逢春不游乐，但恐是痴人""春气满林香，春游不可忘"……美好的春天来了，我们春游吧！

请记住学生的名字

> 记住人家的名字,而且很轻易地叫出来,等于给别人一个巧妙而有效的赞美。
>
> ——吉姆法里

周五下午放学的时刻,校园里满是孩子们的欢声笑语。

我在楼梯的转角处遇到了李欣和她的同学。因为这个孩子之前有诸多"问题",我认识了她,也一直牵挂着她。

我抚摸她的头,柔声问:"好孩子,这段时间开心吗?有进步吗?"

"有,昨天我的英语进步了10多分,老师和妈妈都表扬了我。"她很神气地说。

"好,继续努力哦!"我鼓励道。

这时,另一个小女孩轻声地对我说:"校长,我好羡慕李欣。"

"为什么呀?"我仔细打量这个稍显紧张的小女孩。

"因为你叫得出她的名字,而不知道我的名字。"她的话语里带有一种渴望,想被人了解。

我的心一颤,听得出她是极认真、极在乎的。我立即在脑海里搜索,还记得住几个孩子的名字。

平日里,与学生相见,回应"校长好"的话,只有一句"宝贝好"。我不知道学生会不会觉得我很敷衍。当时为什么没有多追问一句"你叫什么名字?今天开心吗?"对此,我有些自责。

诺贝尔和平奖获得者埃力·维塞尔说过:"每个人都有自己的名字,每个名字的背后都有故事,这些故事构成历史。"

学校是由独特的学生个体组成的,套用此话来解读学校存在的价值再合适不过:每个学生都有自己的名字,每个名字的背后都有故事,这些故事构成学校的历史。

华盛顿州教师行为规范的第一条就是——记住每一个学生的名字。

在帕夫雷什中学,全校六七百名学生,作为校长的苏霍姆林斯基能叫出每个学生的名字。

我们常说"以生为本""为了一切学生""为了学生的一切",可是连学生的名字都叫不出来,更别说做到深入了解每一个学生。

教育首先是一种关系,正如教育家布贝尔所说:"具有教育效果的不是教育的意图,而是师生间的相互接触。"有了交往和接触,才能了解教育对象的独特性,找到教育的方向和方法。

为了尽快认识更多的学生,我采取了以下策略:

——随身携带各班花名册;

——尽可能地创造与学生接触的机会:早晨在校门口迎接学生、为学生颁发奖状、召集各类学生座谈会;

——留意校报上学生写的文章和各类获奖；

——在学校的各种节日和主题活动中认识有个性特长的学生；

——与老师聊相关学生的话题；

——把办公室设置在离学生近的地方。

一段时间下来，小倩、莉雅、洋洋……一个个学生在我的脑海中鲜活起来。

一个微风吹拂的早晨，当我在校园再次与那个小女孩迎面相见，并柔声地唤出她的名字"思思"时，我见她笑靥如花。

美国著名心理学家马斯洛说过："人都希望受到别人的尊重、赏识和承认。"记住学生的名字，就是对他们人格的尊重，就是赏识、激励和爱。

所以，请记住学生的名字。

我们站着，不说话，就十分美好

来龙外参观交流的朋友，经常和我分享美妙的感受——龙外校园的景观，随手一拍即是风景。

我会心一笑，用美学家朱光潜的名言回复他们：慢慢走，欣赏啊！龙外校园的景观，用心设计，美景无处不在，美好教育的影响也无处不在。

益清，历史在这里定格

"益清"是我们的校史馆馆名，取自周敦颐《爱莲说》中的"香远益清"一句。

馆内陈列的一张张奖牌，镌刻着师生激情燃烧的光辉岁月；一本本纪念册，铭记着师生共享美好的难忘时光；一部部校本教材，印证教师们改革创新的无尽热忱……成果在这里展示，文化在这里传承，精神在这里彰显，历史在这里定格。每一件陈列物背后，都有一个动人的美好故事。

"益清"校史馆生动地记录了龙外建立、变革和发展的不朽历程，经常有毕业生返校参观。他们停驻此处，透过玻璃窗回忆过去的荣光,寻找精神的家园。

"益清"校史馆是开放包容的,她时刻准备着迎接新的高光时刻。我一直坚信,美好教育也会"香远益清",传播久远,愈见清芬,更显生命力。

阳光斜照,微风常过,漫步于此,顿觉神清气爽,心头敞亮。

半亩塘,活水来

"半亩塘"景观在小学部教室的门口,池塘边立着一棵巨大的香樟树,昂首挺立,树冠如伞,格外美丽。塘边还栽有十几种植物,淡淡的黄蝉花恰似锦缎,在风中摇曳;橙红的龙船花簇拥一处,热闹非凡;不起眼的仙羽蔓绿绒,枝叶小而优雅,像极了鸟儿的羽毛。

儿童大多活泼好动,不忍单调,有了"半亩塘",童年便又多了几分生气。塘里有好几尾小鱼儿,它们时而静止不动,时而摆了尾巴游得飞快,塘水兴起了波澜,孩子们的脸上也露出了笑颜。

老师带着孩子们在这里绘画、习作,别有一番乐趣。正如著名教育家陶行知先生说:"要解放孩子们的头脑、双手、脚、空间、时间,使他们充分得到自由的生活,从自由的生活中得到真正的教育。"

真正的教育是细润无声的,"问渠那得清如许,为有源头活水来"。带学生走进生活,走进自然,就能"半亩方塘一鉴开"。

听茶、听雨、听香

在室外读书、畅聊是一种什么感觉？龙外的师生早就知道，在初中部书吧、阅览室和图书馆门口，分别有听茶、听雨、听香三处雅座。

于三处雅座小憩，五官被打开，师生们享受自然的馈赠，清风和指尖一起划过书页，耳畔则是四季的流转。

"听"没有"闻""看""品"那么主动，它自然而然，是何等的惬意！听茶，元代诗人卢挚留下"梦过煮茶岩下听"的美境，忘却烦恼，静下心来等茶色泛开，聆听茶叶的脉动。

听雨，宋人蒋捷从"少年听雨阁楼上，红烛昏罗帐"到"而今听雨僧庐下，鬓已星星也"，展示人在不同时期听雨的心境。学生和老师听雨会听出不一样的感受，但不妨碍每一场雨都把我们带入悠远的境界。

听香，清代画家张问陶有诗："早听时务夜听香"，葆有一颗舒适的心，我们才有如此美好的际遇！

三处雅座以独特的韵味，为师生提供了小憩之所，给疲惫的心灵减压，在缓慢中静处静思，过一种审美的生活。

半学斋，教学相长

"半学斋"在初中部一楼，"半学"一词取自《尚书·说命篇》"惟教半学"一语，意为"半教半学，教学相长"。这里摆放着中式桌椅，古朴的书架侧列其中，好书与茗茶穿插其中。更难得的是，这些陈列之物都出自家长的捐赠。

家长的美意，其实是希望学校充满书香。中国美学讲究"不著一字，尽得风流"，值得中学生来此细细品味。时常有学生在这里探讨学问，开会议事，果然不负"半学"之名。从这里出学校后门要经过一扇洞门，它虽称为"门"，却宛如满月的门框，没有开合的门扇，更没有门锁，"半教半学"的清风深深地影响着每一个龙外人。

"半学斋"好似一个小小的中式庭院，陪伴龙外人度过每一个春夏秋冬。

恒之走廊，恒久芬芳

对于九年级的这条走廊，我这样称赞："行之苟有恒，久久自芬芳。"这条走廊背后的故事被做成牌匾，悬挂于墙壁上："胡恒知，乃苦读八年。同心立志，彰显德馨，亦报师恩云尔。轻烟乍敛，廊中净无泥。微风欲来，芳菲菲其弥章。日复一日，年复一年，鲜而不垢，洁也。少年们，笃学，学以恒；老师们，乐教，教以恒。其谓呼恒也！故名'恒之走廊'。"

"恒之走廊"的命名，在每一个龙外师生的心田撒下了一粒种子，师生竞相称赞，一时传为美谈。胡恒知同学怎么也没想到，学校有一条走廊会以自己的名字命名，自己原来可以发出这么大的光亮，每天洒扫越发勤勉，有了全新的学习动力。老师们深受鼓舞，更懂得如何关爱学生、信任学生。一个普通的牌匾，一处常见的走廊，激活了教育的力量，这就是我们的美好教育。

有趣馆，万千趣味书中现

图书馆位于学校大门右侧一楼，取名"有趣馆"，来自宋朝梅尧臣《依韵和达观禅师山中见寄》中的句子："今来闭户自有趣，世上浯浯非我为。"万千趣味书中现，图书馆应该是最有趣的地方，有趣的馆名吸引着孩子们在阅读中发现更多的趣味。

木地板，实木架，书架与书架的间隔铺着整块的卡通地垫，温馨的毛绒玩具随处可见。浅蓝色的廊柱在暖黄地板的映衬下，使得图书馆的整体风格更加简洁、清爽，让人一踏入就感觉心静且放松。

或坐在椅子上，或趴在地垫上，孩子们以舒服的方式徜徉在书的海洋，沐浴书香，体会趣味，汲取智慧……这是我眼中最美的风景。

龙外的美好景观不止于此，美好广场的标志性建筑"天圆地方"，蕴藉着"天人合一"的悠久文化；室外景观"翠微""枕流""灵犀"等，清新优美，含蓄隽永；茶室"一味轩"，茶禅一味，雅趣雅致；书法室"墨思斋"，笔性墨情，思其形神；食堂"知味堂"，滋味知味，岁月沉香……

国际味、书香味、人文味的"三味"美好环境，注重人与自然、传统与现代的融合。每一处景观，我们都期待它成为凝固的诗、立体的画。景观本是静态的，而教育是一种生命行为，却是动态的，当景观有了生命的美好参与，校园环境便活了起来。这就是美好教育赋予校园环境的精神内涵。

顾城写道："草在结它的种子，风在摇它的叶子，我们站着，不说话，就十分美好。"

我们站在龙外校园，就十分美好。

玉兰花开，优雅绽放

装潢古朴的茶室里，琴声悠扬，品茗台前五（1）班邱美依同学手里的紫砂壶温润如玉，其他同学则正襟端坐，依次品茗。在一奉一受间，"怡、清、和、真"的茶艺精神在流动，爱与尊敬也悠然生香。这样唯美的画面只是龙外"玉兰花"课程体系精彩纷呈的一个掠影。

从美好教育到玉兰花开

"教育，让生命更美好"，是我一直信奉的教育信条。课程是教育的重要载体，只有课程美好才有教育美好。于是，"玉兰花"课程体系在美好教育理念的浸润下应运而生。我把"玉兰花"课程体系总结为：取一个好名字，结一串葡萄，走一段路程，留一份空间。

以玉兰为名，创高雅课程

玉兰花美好的寓意令人心向往之。作为龙外的校花，它是一种对至善至美不懈追求的文化象征,玉兰气质早已深入龙外人的骨髓。伟大诗人屈原曾写下"朝饮木兰之坠露兮,夕餐秋菊之落英"的佳句来赞誉高洁的玉兰花。

龙外将玉兰花作为课程体系的名字,首先是因为玉兰从树姿到花形再到香气皆美,"其结蕾于冬,不叶而放花于春,盛花若雪涛落玉,莹洁清香,蔚为奇观"。以玉兰花命名课程,自带清香,能体现对美好事物的追求和对完美的向往。

其次,课程体系的情感能量外溢,能传递美好价值观念。"多情不改年年色,千古芳心持赠君。"玉兰花代表着感恩,可以用这个独特的寓意教育孩子学会感恩。学校也以诚挚的教育情怀感恩社会对教育的热切关注和大力支持。

最后,课程结构决定人才结构,是人才培养理念及目标的外显形态。玉兰花盛开时呈中间聚拢,四周均衡散开,寓意着立德树人的人才观和核心素养并举并重的培养方式。

结一串葡萄,使课程走上系列化

"玉兰花"课程体系在共性要求与个性需求相结合、适切性与发展性相结合、专家指导与自主探索相结合的指导思想下,把培养美好的人作为教育目标,让学生通过课程学会智慧思考、友好相处、优雅生活,成为有求知欲、学习能力、创新思维的学习者,成为悦纳自己、欣赏他人、善待自然的友好者,成为积极乐观、有情趣、会审美的生活家。

"玉兰花"课程体系的核心是培育"美好的人",中心是学校育人目标"三会"（会智慧求知、会优雅生活、会友好相处），契合中国学生核心素养，外圈生长出六个花瓣——美思、美和、美雅、美健、美德、美慧。每个花瓣都对应一个课程群，中间是国家课程，外围是100余门校本拓展课程，这些课程都是在"三结合"指导思想以及"三会"育人目标的引领下创建完成的，具有系列化的特点。如美雅课程群围绕音乐与美术两大艺术板块开设了竖笛、踢踏舞、合唱欣赏与训练、小小毕加索、手工无极限、斑斓涂鸦——秘密花园等一系列课程，致力于培养学生品味高雅、发现美好、创造美好的能力。

走一段路程，令课程更具延续性

　　课程设置必须更具延续性，不应该是静止的、呆板的、孤立的，而应是动态的、灵活的、融合的。课程体系建设就像登山的阶梯，课程内部有次序，课程之间有衔接，让学生可以循序渐进地拾级而上。

　　"玉兰花"课程体系内的上百门课程并不是独立存在的，横向延伸，各课程之间有着千丝万缕的联系；纵向发展，单一课程又遵循由易到难、由浅入深的原则一步一个脚印探索知识的深度。例如，"古老的数学""好玩的数学""美丽的数学"等自成体系。又如美术科组的折纸、剪纸、纸花、衍纸、刻纸，构建出从一年级到九年级的纸艺学习课程，具有很强的延续性。再如，小学语文科组开发的久久语文序列课程，不但贯穿整个小学阶段，而且融阅读、写作、吟诵等于一体，为初中语文课程的学习打下良好的基础。

留一份空间,让课程具有拓展性

"玉兰花"课程体系具有很强的拓展性,既有学科扩展类的必修课,也有满足学生个性发展、为促进每个个体更好体验当下的成长快乐和未来美好生活而设计的定制选修课,如主持、国际象棋、高尔夫、瑜伽、游泳、管乐、园艺、国画、女红、烹饪、劳动、游学等。

作为外国语学校,应着力打造外语特色,培养学生的国际化视野。玉兰花课程在原有外语课程的基础上拓展出国际理解、英语趣味配音、英语童话剧、中加班实验班教学等特色课程,为学生提供了多样的选择。

此外,"玉兰花"课程体系突破了理论、时间、空间、学科上的界限,设置了100余门个性化、开放的校本拓展课程供学生依据兴趣选择,为学生提供了充足的个性发展空间。比如,有与国家课程相融合的课程:语文与"汉字之美"、数学与"Mind lab思维课程"等;也有长短各异的课程:课前3分钟微课、写字短课、社团长课等;还有海量的社会实践课程:"你好'港中大'""中医药博物馆研学课程"等;更有各学科结合的综合课程:"认领一棵树""初中野外地理考察"等。

美好之花优雅绽放

玉兰花开,香飘四方。经过所有龙外人的不懈努力和开拓进取,学校现有市级好课程10门,区级课程70余门,增长数量连续两年领跑全区，校本课程130余门，开发了贯穿九年的纸艺美术系列课程和贯穿六年的久久语文系列课程。2017年9月，在深圳市中小学首次课程评选中，"玉兰花"特色课程体系荣获第一名。

像玉兰花一样优雅绽放的不仅有龙外的课程，还有那些接受美好教育熏陶的龙外人。正如"我家在龙岗"课程开发者陈杰老师介绍的那样：龙外不仅是孩子自然成长的乐土，也是教师实现自我创意和体现自我价值的创客空间。

龙外将不忘初心，饱含爱与诚，像玉兰花一样"向着美好那边怒放"。

这个清晨,你笑起来真好看

2020年8月31日的清晨,龙外(集团)每所学校的上空都回荡着婉转悠扬的校歌,这一天是孩子们格外期待的日子。

他们满怀憧憬踏进校园,迎接他们的是一个个别出心裁的惊喜,微笑在孩子们脸上荡漾开来,欢声笑语不绝于耳。

龙外(集团)开学总动员,美好大团圆,全体师生7000余人,共同见证美好,一起开启新学期。

龙外本部举行以"见'圳'美好,一'启'美好"为主题的迎新活动,孩子们领"圳"书签、拼彩绘"圳"地图、打卡"深"份证,在打量城市中开启新学期。

星河学校刷屏"情绪大冒险"活动。量一量情绪体温,转一转"读心"转盘,孩子们在"情绪闯关"中学会认识、接纳各种情绪。

如意小学的孩子们分享"心愿卡",签名星形卡,投放"如意号"飞机相框,满载希望,蓄势待发。

和美小学邀请"米奇王子""米奇公主"带着第一批主人——一年级小朋友一同穿过"启智门",进入知识世界。

这个清晨,全体龙外人沐浴着金色阳光,沉浸在迎新的愉悦之中。

灿烂的微笑，成了老师迎接学生的唯一；哈哈大笑、腼腆偷笑成了孩子们点亮校园的各式表情包。

这样的氛围让我无意间想起一首歌："你笑起来真好看，像春天的花一样，把所有的烦恼所有的忧愁，统统都吹散。"

是啊，我希望龙外的孩子们，每一天、每一月、每一年都如今天的清晨，笑起来真好看。

我所想正如我们所做。

藏在细节里的爱与美好

一直以来，龙外重视每一个属于孩子的节日和活动，让孩子始终带着孩子气，保持本真之心，去歌唱、去狂舞、去奔跑、去经历。尤其是迎新日，我们总是提前一个月思考怎样才能给孩子一个有趣又有意义的迎新体验，既要满足一年级、七年级新生入校的憧憬与期待，又要兼顾其他年级孩子返校时的变化与成长。我们几易其稿，不断改进迎新活动方案，充分体现爱与美，让每个孩子都能感到新颖、有趣、可爱，始终保持对教育的期待。

我们用孩子看得见、摸得着的"美好"去开启新的征程。一年级新生喜提"作业"，带着私人定制的"美美""好好"蛋糕回家与家长分享，在分享食物的过程中养成延时满足的习惯。有家长在朋友圈分享道："感谢老师的小惊喜，让上学的第一天如此'美味'。开学的第一天，难忘的第一天。人生的新起点、新征程，美好的学习生活由此启航。"被赋予了美好意义的蛋糕，此刻已不再是食物那么简单，它更像空白画卷的点睛之笔，唤醒了孩子们对于未来校园学习、未来自我的好奇心。

我们用孩子听得进、读得出的"故事"去绘制情绪镜面。"当我感到害怕时，我会这样做""当我感到伤心时，我是这样想"……通过"情绪大冒险"活动，孩子们认识了乐乐、怒怒、忧忧、怕怕四位小伙伴，也明白了喜怒哀乐情绪背后的密码。我们坚持着，带着耐心与爱心，去温暖孩子的内心，教他们学会科学的情绪处理方法，并慢慢地在生活中实践，逐步看见、悦纳、成为自己，让生命充满轻松与喜悦。

我们用孩子做得了、行得正的"习惯"去定制私人福袋。老师们绞尽脑汁，为孩子们准备成长计时礼包。定制班级书袋让伙伴的交互式学习具有归属感与认同感，阅读存折鼓励阅读者思考怎么读、读什么，还有生态呵护瓶让孩子们觉得"重任在肩"，学会怎么照顾生命，对瓶中的植物、金鱼负责。

我们用孩子乐于接受的方式去默默影响他们。每个班级都设有独特的"文化图腾"，如蒲公英、海星、贝壳……一个个美丽的意象代表着一个个班级的梦想；一列列象征希冀的"美好列车""奔驰"在各校区。作为"儿童友好型学校"试点创建学校，龙外还成立了"儿童心智成长关爱中心"，中心分室内、室外两大区域：阳光明媚的室外区域，设有泡沫垫、公仔、图书等，常能吸引孩子们停留；室内区域则设有心理干预探究室、身心反馈室、心理与脑认知探究室等，学生可以通过沙盘游戏测试心理情况，使用身心反馈仪调节情绪，通过脑波灯训练专注力。润物无声的校园文化，儿童友好的贴心设计，都让孩子感受到自己正被爱包围着。

迎新活动的终极意义大概就在于此。因担忧接触新环境、新教师、新同学而惴惴不安的新生，因"开学倒计时"持续焦虑、因"赶着完成暑期任务"心惊胆战的老生，甚至因孩子开学而莫名担忧的父母……都让他们的焦虑、紧张情绪有地方安放和排解。我们想用每一处细节温暖每一个紧绷的生命，拥抱每一种情绪，欢迎所有孩子奔跑回家。

让每个孩子绽放笑颜

哲学家詹姆斯说过："人类本质中最殷切的要求是渴望被肯定。"龙外开展不同类型、特色各异的学生体验活动，在活动中传递真、善、美，让每个孩子都能看见自己的特长、亮点被看见、个性差异被肯定。我们始终相信，真正的活动可以唤醒孩子的生命力，而且能让体验者与开展者彼此充满快乐与共鸣。

活动设计中，龙外从不做流程的专断者，而是做真实体验的观察者。诗人于戈说："你什么都可以给孩子，唯独生活的经历，喜怒哀乐，成功挫折，你无法给孩子。经历不到这些，他就没有对生活的获得感。"儿童活动设计的理念灵魂决定着活动是形式主义的"噱头"，还是真正以生为本创设教育资源。龙外的一切学生活动都遵守"知识形成于顿悟，能力形成于过程，心性养成于生活"的设计原则,打造具有共同记忆的美好圈层。学校把儿童活动看成不紧急却很重要的大事,希望通过观察孩子在活动中的言行举止,创造一系列有积极能量的活动,让孩子在每天的生活中找到一些智慧的锦囊,在平凡的日子中触碰到美好。

比如学校开设的综合实践活动"艾"生活课程,根植于校园地理园那一方艾草地,寄予生活的期盼与热爱。春末夏初,艾草野蛮生长。在如此富有生活味、带有自然味又具有亲近感的情境下,我们开展以"艾叶"为主题的生活类融合实践活动,让孩子切切实实在亲身体验中掌握世界规律,认识未知世界。

活动实施的,龙外从不做学生行为的控制者,而是做灵感共通的艺术家。从现代意义而言,我们要培养的应该是跨学科、跨领域视野、能从不同角度思考并理解这个世界的人,也就是"as humans as a whole"。基于此,我们将真正的爱建立在平等与尊重上,时常蹲下来和孩子们共同参与活动,做与孩子心灵相通的引导者,激发孩子的积极性与主观能动性。

正如之前的教师节活动一样,学生会、大队委、各学段、各年级的孩子们发自内心地想为老师做点什么,于是就孕育出"来自星星的告白"这个学生祝福活动。"送给你小心心,送你花一朵,你在我生命中,太多的感动,你是我的天使,一路指引我,无论岁月变幻,爱你唱成歌。"孩子们自发录制"听我说谢谢你"的视频,献上童真祝福;分享同学们的感恩录音,传递幸福;DIY卡片评出"中国最美教师";手绘老师肖像,铭记最美好的样子;一起穿越看爸爸妈妈的老师。

实际上,只有学生自发行为、积极参与的活动,才能折射出他们时而风平浪静时而波涛汹涌的内心镜面,绽放笑颜,各美其美。

活动评价中,龙外从不做结果标准的评价师,而是做生命成长的对话者。老师们从不吝啬赞美,而且赞美得恰到好处。每一句有根据的赞扬,都积淀为孩子生命成长前行的力量。学校所有的活动评价都不会有勾与叉,也不会区分"不好""一般""很好",而是用"美好兑兑吧"等激励形式,通过积分兑换礼物、闯关游戏升级的方式为孩子在趣味体验中实践多方位、多元化的评价,鼓励孩子在活动中发挥长处,认识不完美,找到真正的自己。

"不管发生什么事,都请安静且愉快地接受人生,勇敢地、大胆地,而且永远地微笑着。"笑颜的意义是坚强与从容、期待与包容、幸福与知足。我们需要因势利导、因材施教,让孩子真正成为学习和成长的主体,在美好的活动中感受到爱与关怀,自由快乐地成长。希望若干年后,他们仍能满脸幸福愉悦地说:我的母校给我留下许多难以忘怀的美好记忆!

这个清晨,你笑起来真好看。唯愿往后的每一天,孩子们都能心向美好,笑靥如花!

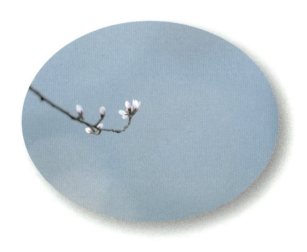

下编

美好之智：一起成长

一路做老师，一辈子做学生。所谓教学相长也，即在真理面前，我们需常怀诚挚之心，且行且思，无限进步。教育是一个春风化雨的过程，同时也是一个自我迭代的生长周期。

我们,一起成长

在《且行且思:我的美国教育之旅》一书中,我记录了在杜鲁门高中的一些所见所闻,印象最深的是学校的 PTA 组织(家长—教师联合会),即家长与学校合作,共同帮助孩子成长的机构。

那里的老师用"我们是亲密的伙伴关系"(Wo are close friends)来描述他们和家长的关系。

俞敏洪说过:一个人在 18 岁之前的成长过程中,家庭教育的影响占比超过 60%,学校教育占比 30%,还有 10% 的影响来自社会教育。

朱永新也指出,"家庭教育才是我们整个教育链的基础的基础、关键的关键"。

把家长作为伙伴,与家长对话、合作、交流,学校服务于家长,家长参与学校教育,使学校与家长真正成为教育共同体。如此,我们的教育才会更加完整且丰满。

龙外一直重视家庭教育,秉承"学校尊重—教师指导—家长合作—学生在场"四位一体的家校共育理念,努力营造学校—家庭伙伴关系的美好教育氛围。

将家长作为伙伴，我们应该怎么做呢？

家长密码：修炼法则

1. 家庭教育第一。
2. 把目光放长远宽广些。
3. 给孩子真正的爱。
4. 和谐的家庭氛围是孩子健康成长的必需品。
5. 妈妈情绪的平和就是对孩子最伟大的教育。
6. 修炼语言魅力，拒绝冷暴力。
7. 与孩子沟通的第一条是倾听。
8. 陪伴是最好的教育。
9. 成为孩子生命成长的范本。
10. 与学校和老师形成教育共同体。

这是龙外的"家长美好密码"。

我始终认为：家长教育是根，好的家长应把教育的重心由教育孩子放到教育自己上来，当家长把自己教育好了，孩子只是美好的你的反映，他自然会变好。

不是我们教孩子成长，而是和孩子一起成长。所以，我们要让所有的龙外家长知道：学校提倡什么，反对什么；怎样定义优秀的父母；怎样定义成功的家庭教育……

有了"家长美好密码"，龙外的家长就有了修炼法则。

家长课程：成长进阶

家长是学校教育的重要合伙人，家校合作才能形成教育合力，促进孩子身心健康发展。

始业课程：重新认识家长

阿里巴巴创始人马云说："开学第一课应该给家长上。"

所以，每学年的开始，我们都会向一年级和七年级新生发放《龙外始业课程读本》，孩子学做小（中）学生，大人学做小（中）学生的父母。

一年级始业课程以"携手同心，美好启航"为主题，分为美好开篇、美好讲解、美好沟通、美好提醒四个部分。一方面，带领家长了解学校，认识学校文化；另一方面，告诉家长一年级是孩子习惯培养的最好阶段，让家长和孩子一起成长，阅读、学习、思考，以身作则，持之以恒，厚积薄发。

七年级始业课程主要为家长们支招：如何做孩子心理健康的"守护人"、如何做自主学习的"引导者"、如何做快乐生活的"引路人"……提醒家长和孩子们一起学习，克服焦虑，关注当下，合理规划，积极为学校教育"补位"，帮助孩子和自己一起顺利度过适应期。

校本课程：美好家长是慢慢成长起来的

除了始业课程，我们还开发了系统的家长教育校本课程。

"陪伴孩子一起成长"为必修课程，是保证家长教育质量的重要前提。课程主题包括"孩子,我可以慢慢放开你的手""原生家庭对孩子一生的影响""用爱陪伴你成长""与孩子建立良好的亲子关系""如何告别'拖延症'""我们是怎样的父母""如何让孩子'爱'上学习"等。

"美好父母"为选修课程,与必修课有机结合,达成补充和延伸之效。课程主题包括"想培养出优秀的孩子,家长怎么办""孩子刚入学,家长怎么办""孩子作业太多,怎么办""孩子表现不好,怎么办""孩子不愿意做家务,怎么办""如何夸奖孩子""如何引导孩子与父母合作"等。

我们还设计了与课程配套的学习工具,如美好父母成长记录表、美好父母读书笔记等,方便父母在生活中实践,在学习中成长。

龙外的家长们特别好学,把问题变成课题。高知高能的他们甚至用科研攻关的精神去思考、去实验、去总结。

家长工作坊:心灵家园

除了思想的引领、课程的培训外,我们还需要有效的沟通。

龙外有"三个一"系列家庭教育活动:每月开设一次家庭教育讲座,每周组织一次家长工作坊,每天开展家庭教育咨询。

我们会定期组织不同主题的家长工作坊。工作坊的主持人有资深的家庭教育专家,有家庭教育成功的父母,更有职业的心理教师。

"快乐儿童的七个习惯"向家长传递"身体重要,习惯和心态更重要"的家庭教育信念;养福超优品学堂分享"如何用养福超优品学技术培养自立的孩子",给家长们带来青春期教育的新思维;"化解孩子的情绪",从专业的角度解读孩子情绪产生的原因、意义以及化解的妙招;如何面对孩子的"问题行为"、孩子做作业磨蹭怎么办、与孩子有效沟通的秘密等主题工作坊,为家长们解决着实实在在的家庭教育困惑……

每一期家长工作坊都是家校从温暖相遇到情感交融再到心灵默契的进阶课堂。

有了家长工作坊,龙外的家长们就有了成长助手,相互倾诉,共同寻找办法。

主题活动:共育载体

家校共建,让家长参与学校德育活动必不可少。

活动是家校合作的黏合剂和纽带,是深入对话的桥梁。各种实践活动,都能让学校和家庭的教育观念同频共振、同气连枝。

沐浴星光,共话成长:我们呼吁家长每周至少有一次在晚饭过后放下手机和电脑,和孩子一起出门散散步、谈谈心,一起抬头仰望星空,享受亲子时光。

一弯月,几点星,微微凉风中,斑驳树影下,一高一矮两个身影,步履渐渐缓慢从容。暂且放下工作,或者远离作业,只单单感受初夏夜色的曼妙,让温柔的夜一点一点洗去外物嘈杂,给一颗焦灼不羁的心中修篱种菊,彼此静心沉潜,慢慢靠近,沐浴爱的光辉，享受亲情的滋润。

如此，严厉的家长耐心倾听孩子的心事，温柔的家长鼓励孩子勇往直前，博学的家长教会孩子夜观星象……

天琪爸爸说："难得有机会和女儿共进晚餐，更别提饭后的亲子散步，所以很珍惜和她们在一起的每一刻。突然感觉到曾经手里牵的那只小小手变大了，身旁的这个可爱的小姑娘长高了，满满的愧疚感顿时涌上心头。"

小淇爸爸说："一次简单的散步聊天，顺带玩了一圈游乐场，无论从身体到心情都得到了很好的放松，没有管教，没有批评，没有针锋相对，只有无拘无束的畅聊玩耍，都是快乐。这就是生活，这就是跟孩子在一起最纯粹也最珍贵的小幸福。"

康乐爸爸说："与其说这是一项作业或任务，不如说这是老师们精心设计的幸福之行。"

正如魏书生所说："走入学生的心灵中去，你就会发现那是一个广阔而又迷人的新天地，许多百思不得其解的教育难题，我都会在那得到答案。"

为人父母，也要做能够走入孩子心灵的同路人。

班级活动秀：我们积极开展"一班一品"的班级活动，家长和孩子们一起走进大自然，一起海边团建，一起参观博物馆，一起陪伴阅读……换个环境，放松身心，快乐游戏，快乐学习，不仅增进家长与孩子、老师与孩子、孩子与孩子之间的情感交流，更让孩子们在活动中展示才华，体验成功，增强自信，提升班级凝聚力。

"好爸爸,好妈妈":我们分年级邀请优秀的爸爸妈妈分享育儿经验,讲述亲子故事。其中,有家长陪伴的成长感悟、方式变化,有与孩子"斗智斗勇"的亲子故事,有爸爸们在家庭教育中坚守的原则以及实用的方法,有妈妈们在孩子成长过程中的点滴感动……在亲子关系中,一句话、一个例子的分享产生的心灵碰撞都是成长。家长的成长就是对孩子最大的爱,我们希望每一位家长都能成为更有爱、更有智慧的家长。

美好讲坛:我们的班主任会邀请家长到班级开设美好讲坛,主题丰富,多种多样,每次都能给孩子们带来不同的体验。职业生涯课程系列讲座,让孩子们换个角度认识家长,让家长以另一种身份和孩子一起成长交流;礼仪讲座让他们更能领会到友好相处、优雅生活的意义;消防讲座让他们在实践中学到消防知识,养成良好的生活习惯;新闻课堂让他们了解到更专业的新闻知识,改变了"新闻没有人情味"的观念。家长们传经送宝,精彩讲授,孩子们听得津津有味,收获满满。家长、孩子在一起,增进了解,加强交流,孩子感受到家长的不容易,学会了感恩并表达出自己的感激;家长感动于孩子对美好理想的憧憬,学会了理解,并全力保护孩子独一无二的个性。

有了主题活动,龙外的家长就有了共育的载体和内容,更加深刻地认识了什么是好的教育,该如何教育孩子。

"引领、合作、包容、欣赏、关怀",这是龙外对把家长作为伙伴的最好诠释。

学校管理的三重境界

春秋战国，诸子百家争鸣，不仅对中华文化产生深远的影响，也给世界带来恒久的思想启迪，法家、儒家、道家是百家中的主要代表。这三家的思想精髓，分别作用于学校的制度管理、情感管理、文化管理，构成学校管理的三重境界。

第一重境界：以法为纲，制度管理

法家注重法治，以法为纲，依法行事。它给学校管理的启示是，学校应依法治校，实施制度管理，建立规章制度，完善组织机构，确保学校和谐有序。

建立制度。法家认为，"事断于法，国之大道也"。因为人治没有一定标准，随心而定。如果"事断于法"，就可"怨不生而上下和"。因此，学校管理应以"法"为准，建立规范的制度，制定工作流程，明确各部门和岗位的职责，确保学校各项工作有章可循、运转有序。

认同制度。法家认为"以法为教"，制定的法令必须明白易懂。对学校管理而言，学校规章制度应由全体成员参与制定，应简约明晰，认可度高，传播力强，每个员工都能自觉执行。

完善制度。法家认为"法无常法"，须应时而变。学校的管理体系，如组织架构、职能分工、工作流程、规章制度、行为规范等，都应依时而变、不断完善。

2013年，我到新办的龙外担任校长，知道一所新学校仅凭校长行使职务权力和个人经验来管理是不能健康发展的，必须建立一套完整的制度，才能在千头万绪中不慌不乱。学校开学的第一天，每位教师就领到了一本《美好约定——教师文化手册》。这本手册分理念篇、师德篇、礼仪篇、职守篇、发展篇、流程篇共六章，对学校的各项工作规范、岗位职责、办事流程都提出了详尽的要求。之后，又通过"让我们重新开始""规则在我心中"等系列校本培训，借助校报、校园网等平台，让教师了解学校制度；开展"为了学校更美好"等大讨论和问卷调查，修改绩效分配方案、课堂教学评价方案、教学质量评价方案等，不断完善制度，堵住制度漏洞。同时，学校还开展了"三不"（不推诿、不拖拉、不打折）的制度执行力建设工作。这些举措构建起目标明晰、权责明确、共识度高、员工自觉践行的制度体系，让新开办的学校迅速走上正轨。

第二重境界：以人为本，情感管理

学校管理需要刚柔相济，在刚性的制度外，还需要柔性的人文关怀。这时，儒家管理思想恰能裨补缺漏，增加管理的人性魅力。

儒家思想的核心是"仁、义、礼、智、信",在管理上的表现是"德治""仁政",注重对人的教化、感染、恩泽。

以德感人。"道之以政,齐之以刑,民免而无耻;道之以德,齐之以礼,有耻且格。"选用干部最重要的一条标准是:德才兼备,以德为先。我要求龙外的干部最经得起推敲的是人品,着力提升道德领导力。

管理者自身的德行是一种人格魅力,能产生强大的感召力、向心力、鼓舞力,激励教职员工拼搏有方向、奋斗有力量。我常和管理者们约定:首先是我做你们看;其次是大家一起做;最后是你们做我看。我始终和大家站在一起,真心实意地培养爱护每一位干部员工。

以情动人。"感人心者,莫先乎情",所谓"三分管理七分情"。学校管理者要以仁爱之心,常换位思考,想老师所想,急老师所急,让老师看得出你的管理是在为大家服务,在为大家着想。

学校制订职称评聘方案时,我组织领导班子审核每项条件,在涉及产假、班主任任职等条件时,充分考虑大多数人的意见,权衡各种折算办法,找出让绝大多数人满意的方案。每年的评聘工作照顾到大多数人的情绪,让每个人都有表达情绪的机会,我一定会给予正面回答。因此,龙外的职称评聘从没有产生任何负面影响。同样,在中层干部竞聘时,我会和成功者、落选者谈话,分析他们优秀和不足的地方,鼓励他们在哪些方面提升自己,燃起他们继续努力的希望。

"激发潜能,成人之美",是我的管理追求。龙外刚成立时,教师构成复杂，有刚从大学毕业的老师，有从下面各街道招调的老师，也有从全国各地招聘的老师。我以尊重和信任为前提，公平地对待每一个教师，关注他们的个性和特长，为他们构筑施展才华的舞台，让教师们各展其能、各尽其才。有位老师对心理学感兴趣，且有一定基础，我就多次派她到广州、山东等地学习，并支持她进修北师大网络教育应用心理学课程、广东省健康教育A证培训班。最终，她顺利拿到心理健康教育A证，成为学校的心理教师。在短短两年多时间内，她建立了600多个学生的心理档案，出版了8期心理小报《心海导航》，开发了校本课程《走向阳光》。

管理者要以真诚的情感关心教师，建立超越层级关系的情感纽带，让老师们感受到情感管理的真实、具体。

第三重境界：无为而治，文化管理

道家主张"无为而治"，对学校管理而言，实施文化管理，通过共同价值观的培育，在校园营造一种健康、和谐的文化氛围，达到管理的第三重境界。

龙外在最短的时间进入了规范、有序的发展轨道，之后该如何进一步提升学校管理品质，实现由规范到优秀、由优秀到卓越的持续发展呢？我的选择是文化治校，实施文化管理，因为"最好的管理就是感觉不到管理"。

在文化管理阶段，我给自己的定位是价值引领，辨方向，谋大略；同时讲究领导艺术，知人善用，平衡集权与授权，有所为有所不为，追求"太上，不知有之"。

道法自然。"人法地，地法天，天法道，道法自然。"道法自然即道效法或遵循自然。校长还应该做"道家"，以道"驭"事，高瞻远瞩、深谋远虑、掌握规律、辨识方向，"做正确的事"。道法自然是一种影响，看不见，却时时处处能感受到一种气场，让身处其中的人不自觉地进入一种状态。龙外创造的美好文化深刻影响着每位师生，"至善至美"成为共同信奉的准则和理念，做任何事情都要做到极致。"人人学习、互相关怀"等文化因子，像空气一样弥漫在校园的每一个角落。

有无相生。"处无为之事，行无为之教。"管理应有所为、有所不为，在有无相生中实现"无痕"管理。有引领，有信任，有指导，无干涉，无指责，无强制，有形领导和无形领导相得益彰。事前，用人不疑，疑人不用，充分信任，精细指导，强化精神引领；事中，不过多干涉，不因细节指责，不强制要求，充分发挥主观能动性，耐心等待结果；事后，分析总结，提出希望。"有形的手"和"无形的手"相结合，让管理更高效。

法、儒、道家思想各有优劣，在学校管理中，我们可以汲取其精华，分别实施于制度管理、情感管理、文化管理等方面。这三种管理互相不排斥，也没有明显的阶段界限，而是有机融合的，儒为本、法为用、道为基，打造出"建章立制、依法治校，人文关怀、以德立校，道法自然、文化强校"的高品质学校管理模式。

成语里的管理智慧

中华文化博大精深，源远流长。在中华民族悠久灿烂的文化长河中，对于如何安邦治国，历代圣贤给我们呈现了一幅丰富多彩、深邃睿智的画卷，其中有不少优秀的管理哲学、理念、艺术及方法就浓缩在成语之中。

成语的来源是多方面的，有的源于神话传说，如"八仙过海，各显其能"；有的源于寓言故事，如"愚公移山"；有的源于历代经典文献，如"无为而治""以民为本"；有的源于历史故事，如"三顾茅庐"；有的源于文人作品，如"先天下之忧而忧，后天下之乐而乐"；有的源于外来文化，如"盲人摸象"等。不少成语从不同的侧面体现了管理的思想和智慧，我们可从中汲取精华，用于学校管理实践。

上下同欲：愿景管理

"上下同欲"出自《孙子兵法·谋攻》："上下同欲者胜。"其释义为上下有共同的愿望，众心齐一。

愿景是为之奋斗希望达到的图景。对于一个组织来说，愿景就是"冲锋号"。共同的愿景就是组织成员共同持有的意象或景象。

马斯洛说："杰出团队的显著特征，便是拥有共同的愿景与目的。"作为一名现代校长，必须学会用愿景管理学校，实现组织成员上下同欲。

愿景管理强调的是引导，而不是控制；强调的是个体的主动发展，从而实现大家共同追求的目标。

我在龙外担任创校校长时，就非常重视愿景管理。建校初，我就提出了"美好教育"的信仰及打造"一所让学生有美好记忆的学校"的办学愿景。在这样的校园——人人学习，互相关怀，校园笑声弥久、歌声嘹亮、书声琅琅，每一个角落都弥漫国际味、书香味、人文味；教师秉承"厚德博学，敬业善教"的教风，主动发展，追求卓越，用爱呵护每一个学生，帮助学生发展潜能，发现自己；每一个学生都得到关注和尊重，优长都能得到绽放，对未来都有美好的憧憬。

这些愿景通过凝练、宣传、沟通和分享，被员工了解、认同、内化并成为大家的教育理想。全体成员在认同共同愿景后，采取自觉行动，履行工作职责。同时，在愿景管理下，组织中各种元素在"美好教育"信仰的引导下产生互动，成员感受到理想召唤、思想解放、心灵自由产生的创造激情和智慧，成为学校发展的强大精神动力。

观其大略：战略管理

"观其大略"出自《三国志·诸葛亮传》："亮在荆州，以建安初与颍川石广元、徐元直、汝南孟公威等俱游学。三人务于精熟，而亮独观其大略。"其释义为从大处着眼，观照整体，把握主要内容，汲取其中的精髓。

观其大略往往能吃透事情的精髓，认清事情的实质，掌握事情的要义，不被眼前的迷雾和云烟困惑。正因为诸葛亮的"观其大略"，运筹帷幄，辅助刘备三分天下有其一。

做教育，管理学校，亦是如此。首先要从高处俯瞰教育，读懂教育，读懂生命，把握教育的本质和发展的方向。在此基础上，再从整体、全局、战略性的角度谋划学校的发展。

记得有人问过上海中学校长唐盛昌这样一个问题："你觉得做一个好校长，最难的是什么？"唐校长的答案是，"有大局观"。他指出，很多校长很难达到新的高度是因为缺少大局观。所谓的大局观，指的就是能够根据学校自身情况和社会发展进行战略谋划，准确地作出判断，为学校指明前进的方向。

我初到龙外当校长时，根据社会发展和学校实际，结合自己多年对教育本质的思考，将"美好教育"办学思想与学校实际相结合，构建了一系列实操体系。"美好教育"中的"美好"不是修饰词，而是中心词，是一种从哲学视角对教育的思考，是一份教育的情怀和追求。明确了学校的办学思想后，我又以全局和前瞻的眼光设计了学校的五年发展规划。

通过实施战略管理、顶层设计，学校办学目标更为明确，思路更为清晰，措施更为得当，成效也更为显著。

众星拱北：道德管理

"众星拱北"出自《论语·为政》："为政以德，譬如北辰，居其所而众星共之。"其释义为天上众星拱卫北辰，旧指有德的国君在位，得到天下臣民的拥戴。

校长是学校的灵魂和核心，校长的言行举止对师生起着潜移默化的濡染作用。有什么样的校长，就会有什么样的学校。这就要求校长不仅以先进的办学理念引领学校发展，更要以高尚的人格魅力，以德治校，成为师生的道德典范和行为标杆。师生受校长的感染，如众星拱北。

中国现代史上最成功的大学校长当属蔡元培。蔡元培人生成功的秘诀不在于他的学问，而在于他的伟大人格。他那宽容、仁爱、谦让、真诚、和蔼、慎独、淡泊、民主、崇高、刚直等优秀人格特色，像磁场一样吸引了当时最著名的人才，为他出谋划策，从而开创出一种风气，成就百世伟业。

集思广益：民主管理

"集思广益"出自《三国蜀·诸葛亮》："夫参署者，集众思，广忠益也。"指集中群众的智慧，广泛吸收有益的意见。

以人为核心的学校管理，立足激发广大教师工作的主动性、积极性和创造性，充分发挥他们的潜能。因此，民主管理必将是学校管理中的重要形式。

在龙外，除建立健全民主管理机构和制度外，我非常重视通过各种途径集思广益,汇集教师智慧,让他们参与学校管理与决策:一是设立校长信箱,随时聆听师生心声;二是通过"为了学校更美好,我畅言""我的学校我建设"等座谈会和意见征集,广开言路,听取民意;三是设立"金点子"奖,对教师提出的合理化建议给予奖励;四是聘任责任心强、能力强的教师兼任学校班级文化、教学策略、微课程、小组合作四个课题管理组的组长;五是对学校重大活动在教师中实施项目招标,充分调动教师的积极性,发挥他们的潜能与智慧。

天下大事必作于细:细节管理

"天下大事必作于细"出自《道德经》:"天下难事必作于易,天下大事必作于细。"其释义为天下的大事,必须由细微之处做起,从细小的地方一步步形成。

"学校无小事,事事有教育;教师无小事,处处是楷模;管理无空白,时时能育人。"优秀学校展现的品位和价值,往往是无处不在的细节。作为校长,必须深谙细节管理的奥秘,管理学校、处置问题于细微处见品质。

2012年11月,我到台湾台北北仑高中考察,这是比尔·盖茨在全球选定的三所云端未来学校之一。学校并没有显赫的大门和富丽堂皇的建筑。我们到学校后,校长在一间装修简约的会议室里接待了我们。进入会议室,我们惊讶地发现,学校为考察团70多人都制作了座位牌,座位牌上不仅有每个人的姓名,还有每个人的工作单位。校方还安排了考察团成员逐个与校长合影,我们原以为逐个合影要花很多时间，但由于他们在每个细节上已事先做好了安排，合影环节流畅而迅速。

我们在这所学校没有逗留太长时间，也没有详尽询问他们的办学理念与管理方法。但窥一斑而见全豹，通过座位牌与合影的细节，我明白了比尔·盖茨选择它的理由之一。

端然教育创始人包祥校长曾向我提及：他到日本考察时，日本青森县教科文组织协会把他们每天从早上9点到晚上9点的行程都安排得非常详细，每个活动的时间安排都精确到分钟。他们在青森的5天时间，每天的每一个活动都打一个单子。会议、会见、就餐的时间、参加人的姓名等非常具体。每个单子上面还会写上几句常用的日语，便于他们学习与应用。

细节管理——缜密的思考，细致而为之，于每个角落、每件事物，不留痕迹地自然呈现。一所学校的文化与品质就这么卓然而立。

中国成语是文化的瑰宝，凝聚实践智慧和情感力量。重温成语，在感受成语魅力与智慧的同时，反思学校管理，从中获益，自也妙不可言。

向建筑师学当校长

世间任何一件伟大的建筑作品背后必然有一位伟大的建筑师，如约翰·伍重之于悉尼歌剧院，贝聿铭之于卢浮宫扩建工程。好学校背后必然有一位好校长，恰如建筑师之于建筑。正如著名教育家陶行知所说："校长是一个学校的灵魂，要想评论一个学校，先要评论它的校长。"

如何当好校长，我悄悄地向建筑师学习，借来管理的"六力"。

一曰，灵魂力。好的建筑作品一定有属于自己的灵魂。建筑师要创作一个作品，首先会考虑当地的自然和人文环境，在此基础上为作品定位，设计蓝图，赋予愿景，构筑灵魂。冰冷建筑依然可以拥有打动人心的力量，如水立方、春笋、水晶石等知名建筑。那是灵魂的力量。

做校长，首先须依据时代发展，以及当地社会经济基础和文化背景，为学校发展把好脉、定好位，设计学校办学思想和发展蓝图，建立共同愿景，得到师生及他人最广泛的认可。正如彼得·圣吉所言："一个缺少全体衷心共有的目标、价值观和使命的组织，必定难成大器。"

2013年，我到龙外做校长。当时的校园还是一片工地，建设经费只有六千多万，多项工程质量与美观无法保证。我在设想校园环境提升工程时，就先把办学思想注入进去，即以美好教育作为学校核心理念，以"一所让学生有美好记忆的学校"为办学目标，将"教育，让生命更美好"作为办学使命，将"至善至美"确立为校训，与师生一起描绘出"顺应天性、尊重人性、发展个性、享受生命、创造生活、拥有生趣"的"三生三性"愿景，让美好教育和美好龙外不胫而走。

二曰，规划力。建筑蓝图设计好后，建筑师会精心规划，设计实施方案。同样，校长确立好办学思想后，还应进一步明确办学思路，制订发展规划。

如何实施美好教育？我提出了"三以"的治校策略：以文化引领发展，以明师培养学生，以特色彰显品质。与广大教职工一同制订学校五年发展规划，分别是：文化奠基年、课程建设年、教师发展年、特色建设年、品牌形象年，循序渐进，拾级而上，让美好教育路子通、步子快、面子靓、里子实。

三曰，信念力。罗马不是一天建成的，一件伟大的建筑作品在建设过程中难免会遇到困难。此刻，考验建筑师的是坚定的信心和力排众议的勇气。校长在办学过程中遇到的问题、困难可能更多，需要"咬定青山不放松"，淡定、坚守、不浮、不躁、不急功近利，以大气成就大器。

办学之初，缺人缺钱，出现一些管理漏洞，很多预期目标没有实现，老师们逐渐泄气，甚至怀疑当初的选择。我鼓励全体师生："放弃就是'烂尾楼'，坚持就是奇迹，创造奇迹才是美好的见证。"从此，全体师生心往一处想，劲往一处使，很快就扭转了被动局面，创造了"一战成名"的奇迹。

四曰，凝聚力。三个工人在砌墙，有人问他们在干嘛，第一个人没好气地说：砌墙，你没看到吗？第二个人笑笑说：我们在盖一幢高楼。第三个人笑容满面地说：我们正在建一座新城市。伟大的作品需要一群志同道合的人齐心协力，愉悦地工作。办好一所学校，也需要一群有理想、有情怀、有担当的老师。

我又制定了"三三"教师培养策略，即发挥三种力量，包括文化的力量、学术的力量、团队的力量；打通三条途径，包括专业阅读、专业实践、专业写作；实施三项工程，包括青年教师成长工程、专家引领工程、课题研究工程，让每位教师都成为美好教师。他们自觉践行美好教育理念，将任何事都做到"至善至美"，朝气蓬勃，青春向上，走出去都带有鲜明的龙外气质。老师们改编歌词、创编舞蹈、拍摄《莫吉托》视频，为学生中考送上祝福；每间教室都呈现出特色班级文化；每学期开学为学生准备不一样的礼物……我这样定义"龙外教师"——和学生建立生命的联系，做学生生命成长的范本。我确定了"龙外教师美好密码"，让老师始终处于教育生命的活跃状态，激发出教育热情。就这样，很多老师慕名来到龙外。

五曰，执行力。再好的设计停留在图纸上，美好的蓝图也只能是海市蜃楼。因此，建筑师非常注重项目落实，甚至参与具体任务的分配和项目的跟进。校长在治校中同样要关注执行，抓好落实。

我提出对待工作的"四不"：不找借口、不打折扣、不拖拖拉拉、不马马虎虎，将大事做小、小事做细、细节做精。龙外提倡实干兴校，拒绝无用的口舌之争。每次行政会不超过一小时，包含部门工作汇报、学习分享等，会上布置工作，会下立即执行，明确时间节点，责任到人，只问结果，不问过程。我们的做事流程是：会前充分讨论、仔细论证，会上分配任务、明确要求，会后高效执行、及时反馈，形成完整的做事链条。我曾说："在上甘岭学习打仗，在事上磨炼成才。"如果将学校比作一部运转的机器，只有每个人都在岗位上运转，才能保证整个学校运转正常。

六曰，监控力。决定建筑使用寿命的是质量，学校发展的生命线也是质量。校长要树立科学的、可持续发展的质量观，坚持质量管理、目标管理、过程管理。我们始终认为，"你的点在哪里，收获就在哪里"，付出与收获是成正比的。

我们有自己的质量观：美好教育不是不要分数，是在尊重教育规律、学生成长规律基础上取得分数。君子爱分，取之有道，要突破狭隘的唯分数论，追求更有意义的教育质量，让学生有持续学习的兴趣、有智慧求知的能力、有高尚的道德品质等，始终将学生的成长质量作为办学质量的核心目标。从这里毕业的学生非常怀念在龙外的学习生活，写信说："在龙外始终感受到生命的舒展，自由快乐，学习轻松，生活有趣，总有一段美好记忆时常温暖疲惫孤寂的心灵。"

最高级别建筑师建筑的不是具体的建筑物，而是生生不息的文化大厦，就像龙门石窟等，不同的人读出不一样的人生哲理。

现代校长也应该建筑一座精神的大厦，建在每个师生的心灵之上，流淌在学校的历史长河之中。

像设计师一样做校长

2019年12月,"面向未来的教育设计"学术论坛在龙外召开。刘晓明老师说:"教育设计是教育工作者有目标、有计划地进行技术性创意与创作的活动。教育设计面对的是未来,第一要义是创新,其次是实践本质,将教育工作者引入全新的境界,具有广阔的生存空间。"

我深受触动。教育是人类社会最复杂、最精致的创造性活动,不应该被已经映射到社会各角落的设计遗忘,今天的教育更需要设计。

怎么像设计师一样设计学校,设计出美好教育?我从近20年当校长的经历中提炼出自己的感悟。

一是要具备设计思维。观察、提问、思考是设计师最常用的工具,他们目光敏锐、善于提问,而且问题一旦被提出,他们对新的可能性的探索很快就会开始,并进入创新思维阶段。

艾迪欧(IDEO)首席执行官蒂姆·布朗指出:"设计思维不仅以人为中心,而且是一种全面的、以人为目的、以人为根本的思维。"人是设计的尺度,人在设计中处于什么位置,决定了教育设计的高度。校长的设计思维在以人为本的基础上,对教育教学全过程、全方位的整体和系统设计,体现教育功能,实现教育意义,发挥教育效益,遵循"该怎么设计—能怎样设计—会这么设计"的思路,让教育设计既"顶天立地",又和谐共生。

最大的教育设计就是办学思想。在龙外的工地上,我就将办学思想梳理清楚,用美好教育为这所高标准、高起点的学校注入灵魂,延伸出"三生、三性、三将"的思想框架,分别对应人的物理生命、精神生命、教育生命,用高远、诗意、圣洁、人性的原则设计办学思想,让龙外一出生就有教育思想"护体"。有了办学思想的引领,我开始设计教师队伍及学校空间,用合作、包容、欣赏、关怀的原则设计教师团队,迅速带出一支师德高尚、业务精良的教师队伍;坚持空间设计"134"思路,即1个目标——空间,让校园更美好;3个原则——便利性、美观性、生长性;4个融合——空间设计与学校文化、信息技术、课程教学、生态环保相融合,实现功能与审美的统一,为每一处景点命名,如图书馆叫有趣馆,水塘叫半亩塘,会客厅叫在兹堂等,赋予空间文化韵味;根据开放、多元、选择、个性理念设计课程体系,并与育人目标、学校文化融合,设计出"玉兰花"课程体系;"四结合"设计校园活动,即与学生兴趣爱好、生命成长相结合,与学科和时代发展相结合,与局部和整体相结合,与学校和家庭、社区相结合,让校园活动多元、丰富、鲜活、实效。

二是要重视设计灵感。真正有灵魂的设计,灵感都是源于自然。不仅是真实的大自然,还有教育的天然规律。龙外的天台本是光秃秃的水泥地,我想何不设计成天台花园,让学生在这里享受自然乐趣。但仅仅是一个花园太单调,若能设计成花园中的自然舞台,供孩子们开 party,岂不是一举多得!错落有致的花草树木,形式各异的桌凳摆设,千姿百态的藤蔓绿植……让天台花园成为集休闲、娱乐、劳动为一体的综合性教育新天地。

设计灵感需要激情投入。伟大的设计师布鲁斯,一旦开始静心研究某个设计难题时,就会全身心投入。他的设计激情如源头活水,源源不绝。每每攻克一个难题,他就会兴奋地、孩童般地开怀大笑。但凡伟大的设计师都有这个特点:工作时激情澎湃,处于沉浸状态,专注于工作而忘记了整个世界。校长要有永不满足的设计激情,持续地发现问题,摒弃惯有的思路,以一种新的视角思考、解决问题。比如,校长可借用设计师的移情研究(一种力图理解人的需要和想法的观察研究方法)、宽恕程序(帮助人们犯错误时把消极后果降到最低值)、界定(指设计师为处理某种状况或解决某个问题而建立的框架,强调实现预期目标时发挥最重要作用的部分)、一体化(能同时把握两种完全对立的观点,汲取两种所长并有所提升的能力)、深掘(指设计师作广泛、深入的调查,常常需要深入人们的真实生活,而不是在会议室中或设计某个焦点团体)等设计思维,开辟自己思维和管理的新天地,攻克难题。

龙外报告厅两边各有一个三合院式的小空间,左边改成"半学斋",有实木书桌椅、书架和各色茶具等,给人温馨、舒适的感觉。右边则是一块禁毒教育宣传栏,墙壁橱窗里展示着各种毒品的图片。两边明显不搭调。美术室在这层楼,何不将其改造成"小家碧玉"风格的书画厅?选择条纹样瓷砖,更换灯饰,装裱学生的书画作品,小空间瞬间精致、美观起来,成为龙外新的打卡点。

捕捉设计灵感，预想设计效果，精细论证完善，就是一次完美的设计构想。

三是要完善设计实践。设计融合了艺术和科学，充满困难与阻挠，常常令人心力交瘁。但设计师遇到新问题时，有着无限的能量、劲头十足，问题越难解决，他们就越兴奋。当一种可能性开始在脑海中形成时，设计师就会创建一个初步的模型，它可能是一张画在餐巾纸上的草图，或是详细的三维模型。设计师们通过这种视觉表达，用简略的方式交流新想法，努力"让希望看得见、摸得着"。从图纸到实体，校长需要完善设计实践，让教育设计有生命力和感染力。

设计师完成设计蓝图后，会在实施中身体力行地攻克难题，并注重细节，追求完美，把愿景变为现实。同样，校长设计好学校发展蓝图后，最关键的是实施，并追求完美的实施。

完美实施一方面要求校长率先垂范。最好的管理莫过于示范，最好的教育莫过于感染。校长要以身作则，全身心投入，要如水般"居善地，与善仁，言善信，正善治，事善能，动善时"，这样教师与学生才会信服并效仿。

完美实施另一方面要求校长建立执行力文化。正如美国ABB公司原董事长巴尼维克所说："一位经理人的成功，5%在战略，95%在执行。"我在学校建立了"三不"和"三高"的执行力文化："三不"——不推诿、不拖拉、不打折；"三高"——高度认同、高效行动、高标落实。

"如果我们把这个世界当作一个设计项目，将如何创造一个更美好的世界呢?"布鲁斯展厅里悬挂着的一个横幅上这样写道。这句话是否更值得校长深思?校长是学校的灵魂,是学校蓝图的规划者、建设者。当我们以设计师一样的激情和勇敢面对工作时,或许会更好地为师生的成长创造美好的平台。

龙外美好教育战略的文化图得设计很理想,实施得也很现实。那么,怎样做到"至善至美"?虚的东西做实,实的东西做细,这就叫"非常理想,特别现实"。我从美好环境、美好教师、美好管理、美好教学、美好德育五个方面让美好教育落地,用具体标准、载体、形式、内容等让每个教育要素都美好,形成"要素美好—过程美好—整体美好"的发展路径,从蓝图构想到具体实践就是设计文化形成的过程。

像设计师一样做校长,既需要高瞻远瞩的设计思维,系统构思学校教育的当下和未来,也需要精雕细琢的设计实践,反复打磨教育细节,让设计从想法变成现实。善于设计的校长一定有对教育的深度把脉,也有对教育的深厚情怀,更是让教育焕发技术生命、拥抱未来的领航人。

"五I"教学：看见生命成长

课堂是实现学校育人目标的主阵地，有了课堂的美好，才会有教育的美好。美好教育的主要成果——"五I"教学，唤醒了学生自主学习的意识，充分调动学生的主观能动性，使学习成为学生快乐的精神活动。

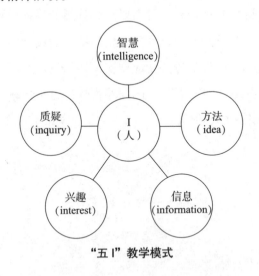

"五I"教学模式

一堂地理课，看到教学的希望

在七年级地理教学"南亚"一课时，唐僧西天取经的故事成为这节课的主线,教师安排了"火眼金睛探路""翻山越岭上路""共渡九九八十一难""印度游学两年""西天归来,取得真经"及"悟空为师父扫清天险"六个环节,让整堂课都沉浸在"西游取经"的轻松氛围里。巧用历史故事外壳,设置地理学习内容,可改变知识呈现的死板方式,调动学习的积极性。杜威指出:"必须有一个实际的经验情境,作为思维的开始阶段。"学生努力调动电视剧《西游记》里有关"西天"风土人情的记忆。

讨论"南亚次大陆等不等于南亚"问题时,同学们根据南亚国家和地区分布、南亚地形分布、南亚次大陆等内容据理力争,有条有理,自信大方,气氛热烈。一旁的老师则提要钩弦,时而点拨,时而小结,其他同学边聆听边做笔记。知识不是告知,学生学习最大的天敌在于依赖,教师在教学中最大的悲哀在于包办。重要的不是学生记住这个知识,而是明白这个知识是怎么得来的。

学习南亚地势及地形特点时,老师则让同学们用彩色橡皮泥制作南亚地形模型,完成后给全体学生1分钟时间自由观摩其他组的地形模型成品,然后选择2个有代表意义的小组上台汇报展示,其余小组给予评价(可以是赞扬,也可以说出其缺点和不足),最后教师给出评价和总结。同学们评价的依据是南亚地形分布、沿78°E线南亚地形剖面等。模型制作、自主观察、对比思考、完整评价,学生汇报的南亚地形特征从二维变成三维,展示模型实现从实物到文字的转化,用自己的语言再次梳理总结地形特点知识,填补知识漏洞,建构知识谱系。

为什么学习气候特征要从认识服装莎丽开始?事物是普遍联

系的，什么样的气候特征就有什么样的风俗习惯。穿莎丽是气候等原因决定的。学生亲自触摸莎丽的手感，谈莎丽的特点，通过阅读南亚气候类型分布和热带季风气候气温、降水曲线图，小组合作探究南亚气候特征及多旱涝灾害的原因，并分析其探究结果，再次验证杜威所说的经验、情境是撬动思维的支架。

所有的教学都可以朝这个方向发展

这只是龙外"五I"教学在一个学科中运用的案例。"五I"，即兴趣（interest）、信息（information）、方法（idea）、质疑（inquiry）和智慧（intelligence）五个课堂核心要素，在特定课堂时空的模型中重组，形成智慧生态课堂。

其他学科也在不同的学段构建出多样化的课堂教学基本范式：小学语文有主题引导式、读写结合式，如"抓住文字特色仿创—借助图文描述故事——放飞想象续写故事"；数学设计出"情境导入，目标导学—自主探究，合作展示—释疑解惑，点拨提升—巩固拓展，当堂检测—总结回顾，评价反思"的教学步骤；英语根据词汇课、视听说课、阅读课、写作课等特征梳理出不同课型的多样化学习活动模式，如词汇课学习活动模式有"TPR"闪卡式教学、"你说我猜"游戏式教学、Crossword Puzzles 纵横字谜游戏练习、"串词编故事"语境教学、Word Bank 学生自编特色词典自主学词等；初中语文根据文体特征研究出八大创新课型，如文言文四步骤教学课型为"讲解翻译、品读感悟、问题探究、背诵默写"。

"五I"教学更像一种"武功心法",它揭示教学规律,传递教学理念,渗透教学方法,在有形或无形中给你的教学打开一扇窗,让你在备教施教中不自觉运用、反思、完善,没有强制使用统一模式,而是运用模型重组理论,结合学科特征,灵活组织与实施教学,让你有抓手、有落脚、有准绳。这样的教学才能焕发课堂活力,有学科特色。

"五I"教学是看得见生命成长的教学实践

"I"是"我",是"人",关注人的生命成长,所以又名"吾爱"教学。"五I"教学核心指向"人",在组合方式上表现为:智慧是主脑;兴趣是学习的原动力,代表"意",信息是结构化的知识,代表"知",是人成长的"双擎";质疑是科学精神,代表"情",方法是学习能力,代表"行",此二要素是人成长的"两翼",让"知情意行"完美统一起来。"五I"美好教学回答了课堂改革的方向和方式,构建了看得见"人"的课堂,看得见学习的课堂,看得见智慧生成的课堂。

从各学科课堂反馈看,"五I"在教学方法改造方面既不丢弃传统教学重视的预设、演绎、综合、形式和结果,还更重视生成、归纳、分析、内容与过程。这样更有利于学生掌握知识、发现知识、创造知识、发展智慧,让学生去发现、去询问、去批判、去欣赏。"'五I'教学更重视发展课堂非智力因素,让学生持续保持探究的兴趣,积极地表现自我理解,学会团队合作,研究学习方法,培养对知识的敬畏和热爱等情感。"心理教师吴锡慧通过课堂调研数据分析，认为学生在课堂上的积极心理变化非常明显。

课堂革命最大的特征是教与学的转变。在龙外"以学习为中心"的"五 I"课堂上，正在掀起一场"静悄悄的革命"：让学习真实发生，让学习更有价值，让学习为成长赋能。创客教学、STEM、项目学习、深度学习、"I 融合"等，充分发挥了学生学习的主体性、主动性、新颖性，让学习成为一种快乐的精神活动。

在"未来芯科创空间"，孩子们正在制作"戈德堡机械装置"。据科学老师王龙祥介绍，这是根据 STEM 原理开发的精品课程，利用机械构造设置连锁机关。从"五 I"教学维度，我们将学习过程设计为"科学探索，分析实验数据，设计新的实验——技术准备，选择工具，学习方法，实践技能——工程设计，解决方案，设计和构建原型，测试验证，形成解决方案"。整个过程需要学生自主观察、探究、分析、制作、改进、完善，从一堆零散装置到一个精致作品，从一个设想到一份研究报告，不仅有知识和能力的习得，还有对科学的热爱和执着精神、团结协作精神，以及对美好生活的向往和创造。中村雄二郎在《活着思考知识》中指出："要使知识转化为智慧，就必须使之精神化、内向化，让它成为我们自己的东西而得以运用自如。知识是掌握过来的东西，而智慧是发散出去的东西，二者的区别由精神化、内在化决定。"转知成智，会智慧求知，这是"五 I"教学的终极追求，是学习的终极目的，也是美好教育的育人目标。在这里，智慧突出地表现为：培育兴趣的诗性智慧，信息处理中的对话智慧，运用恰当方法解决问题的灵性智慧，勇于质疑挑战、攻坚克难的精神智慧，共同促进终身学习、知情意行全面发展。

在"满庭芳·茶"课堂上，同学们从"识茶叶、品茗茶、论茶艺、道文化"等角度综合学习茶艺茶道，不仅有审美体验，还有文化熏陶。

在"艾生活"课堂上，同学们进行"种植艾叶、做艾叶美食、探究艾叶药用价值、艾叶的生活隐喻"等项目式学习，带着问题学习。问题催生信息处理，处理信息的方法演变成解决问题的方法；方法推动质疑，形成"事物的正确答案不止一个"的状态；过程凝结智慧，智慧推进深度学习。陈杰老师说："把教学过程作为一个特殊的生命过程来理解，在教学过程中密切关注着生命存在，让教学成为让学生更有活力、更为幸福的活动，教学才有美好可言。"

"五I"教学引发教学改革的连锁反应，不但在课堂范式上推陈出新，而且在课堂评价上也扭转方向，从学生的学去评价教学效率和效益，从"学生参与度、学习自主度、心情愉悦度、思维活跃度、目标达成度"五个方面构建课堂评价体系，落实核心素养。同样，"五I"教学推进作业改革，从重复机械的书面作业向个性实践的多元作业转变，真正为学生减负、为老师松绑。

教学应该有美好的姿态

教学的美好姿态，有理念引领。"五I"教学以中国学生核心素养为基础，其核心指向人的发展——培养美好的人，从生命的高度对教学要素、关系、方式方法等的深度阐释，让教学为生命成长奠基和护航，让工具人、技术人向理性人转变。

教学的美好姿态，有场域创设。教学是在特定时空中进行的科学性和艺术性的创造活动。"五I"教学着力创造自由、宽松、和谐的氛围，师生在课堂上没有拘束和压抑，能畅所欲言，有奇思妙想，有情境设置，兴趣被不断激发，信息从多样交互中产生，质疑被关注……

教学的美好姿态，有活动设置。有学的活动，有工具撬动，学生是课堂的主人，是学习的主角。"五I"教学"让学习真正发生"，让主动学习、融合学习、深度学习成为现实，并开展建构主客体间关系与意义的实践、课堂上和谐人际关系的实践、建构自身内部关系的实践，让学习促进人的全面和谐发展。

教育的美好姿态，有绿色评价。理想的评价不是甄别、选拔，它是一个教育的过程、发展的过程、共建的过程、充满人文关怀的过程。五度评价体系从评教转向评学，结合抽象与具体的观测点、质性评价和量化，始终让学生保持学习的亢奋状态，找到自我改进与提升的方向。

以生本、生活、生动为特质的"五I"美好教学不是不要知识，而是要有更广阔的知识；不是不要理性，还需要培养理性，但不能磨灭兴趣，而应发展兴趣；不是不需要聆听，但更宝贵的是质疑；不是不要勤奋，但更重要的是方法；不是不需要聪明，而是需要比聪明更加智慧。也就是说，信息宽于知识，兴趣贵于理性，质疑重于聆听，方法优于勤奋，智慧优于聪明。

教学之所以美好，在于"课中有人、学习有价值、智慧有生长"。

打通知识的"小房间"

——兼论学科知识多维建构的途径

深圳少儿图书馆的墙上有这样一句话:"人心装满各种知识,就被知识隔成一间间小房子,那就不自在了,所以要打通知识,超越知识。"这句话揭示了传统学科教学的封闭性和孤立性,只满足本学科知识体系和逻辑思维的构建,让知识的储存就像严格的电脑分区,不会跳出本学科知识的"小院墙"。

但我们生活的世界不是以单一维度存在的,往往同一件事情的发生,背后有众多原因。

知识建构的单维度限制了学生解决问题能力和综合实践能力的发展,不利于学生完整知识结构的形成和综合思维能力的培养。

知识的"小房间"可以打通

从知识属性来说,知识之间本来就是相通的。人类创造的所有知识是一个整体,为了学习、科研和教学的需要,才将它们分成不同的学科。它们彼此有着自身独特的属性、范畴、基本概念和规则,但又有着共同的地方,都是人类在社会、科技实践中获得的经验和智慧，符合事物的自然运动规律，是自然在人大脑中的反映和认识。

每一学科都与其他学科有着这样或那样的关系，彼此的科学研究成果都能为其他学科的发展提供新的研究手段和理论论据。例如，考古学的新发现改变、颠覆着历史学、文学、经济学等研究领域固有的理论和观点。学科之间的交叉部分，构成了新的研究领域，这就是边缘科学。从这一点更能说明，知识之间存在固有的内在联系。

从现代科技发展来说，知识是以综合、立体、多维的方式存在的，并以这种面貌影响着人类的生活方式和思维方式。科学技术的进步不是某一学科或某一类知识就能完成的，而是诸学科的齐头并进，形成成熟的技术体系。任何一项知识或技术的脱节，都会阻碍科技的整体升级。

例如，"人间四月芳菲尽，山寺桃花始盛开"，这句诗不仅有文学鉴赏价值，还包含地理学纬度决定气温的知识。中国高铁技术包括铁路建设技术、火车制造技术、信息采集技术、调度控制技术及运营管理技术和维修养护技术等，是一个十分庞大、复杂的工程体系。信息技术、动力学、管理学、建筑学等学科知识融汇一炉，在每个链条、每个节点上发挥作用，才让高铁具有了舒适便捷、快速安全的特点。

打通知识"小房间"的途径

打通知识的"小房间"，就是打开获取知识的所有路径和融会贯通知识的内在联系，这需要重新定义学习的概念和方式，转变教学观念和组织方式，在课程开发与实施上更加关注知识的构建方式和运用方式。

1. 跨学科学习

正如查理·芒格提倡的跨学科学习成长观念一样，我们在学习时不应该将自己仅仅限于某一"知识房间"中，而应该根据生活中的真实问题设置主题，通过跨学科课程整合，在不同学科领域建立联系，实现将学科知识转化成学生解决问题的资源，加强知识学习向实践创新的迁移。

龙外的乐学一夏活动手册、我上一年级啦、我上七年级啦等课程就是一种学校与社会、学科与学科的融合课程，就是知行合一的体验式和实践式相结合的跨学科学习。问题驱动，探索领航，激发学生的学习热情和创造动力，创新性地探索知识、运用知识、物化知识，打通知识的"小房间"，才能建设生活社会的"大房间"。正如《未来学校》中所说："放阳光进来，放生命出去，推倒围墙、释放天性、尊重人性、呵护生命，过一种完整幸福的教育生活。"

2. 开发综合课程

课程是学习的载体，好的课程着力于培养学生的创新思维、实践能力等。美国在"21世纪技能框架"的研究中提出了"4C能力组"的概念：一个面向未来的终身学习者，必须具备交流沟通（communication）、团队协作（collaboration）、批判性思维

（critical thinking）和创造力（creativity）四方面的技能。这些能力的习得需要课程在知识的建构方式、表现方式、传授方式、评价方式上创新，大密度、大跨度、纵深度地推进知识的熔铸，实现无边界学习。

以"龙外腾冲研学项目"为例，项目组精心编写考察任务单，包括地理类题目、生物类题目和答辩类题目，让学生通过小组合作的方式，完成诸如绘制热海地热风景区平面图、采集火山岩标本、记叙一位你最敬仰的抗战英雄事迹、归纳茶树生长的自然环境等项目任务。通过"龙外腾冲研学项目"课程，学生可以学习生态、地质、丝路、翡翠、抗战及乡村六种文化，收获学习、生活及审美三种技能。在课程整合中，学生不是局限于某一学科知识的运用，而是综合了各学科中的知识，在实际活动中巩固并运用这些知识来解决研学问题，获得知识课堂上缺失的真实情境体验，升华学科知识内容，达到对课堂知识的反思、巩固、运用与超越。研学旅行课程就是在自然情境中进行的、具有高度综合性的实践类课程，可克服传统课程的封闭性，促进学生综合学习及思维能力的提升。

龙外的野外地理考察课程就是在真实的自然情境中施行的课程。该课程利用深圳本土的考察资源，选取深圳市极具代表性的六个地点作为实践基地，组织学生野外考察，让学生把课堂上学到的地理知识、地理技能和价值观念，很好地在现实环境中实践运用。正如苏霍姆林斯基所说："最初的思维课不应当在教室里、在教室的黑板上，而要到大自然中去上……大自然的美使知觉更加敏锐，唤醒创造性的思维，以独特的体验充实着语言。"

龙外的玉兰花课程体系建立了美慧、美思、美德、美和、美健、美雅六个课程群，共130余门校本课程。通过课程整合，融汇、梳理学科知识与生活知识、实践技能、地域文化、国际文化等，形成新的知识谱系，扩大了学生的知识视野，让学生在知识获取与运用中自觉地建立起整体观、全局性的思维和能力。

3. 转变学习方式

传统的学习方式是固定的学生在固定的时间学习固定的内容，并试图让所有学生达到固定的标准。这样的知识学习是有框架和设定的，整齐划一本来是反人性的。真实、有价值的学习将突破这种强调标准、统一的教学秩序，允许不同的学生用不同的时间学习不同的内容，每个人都能从学习中完善知识、丰富体验，达到自己所能达到的最高水平。拆掉把课堂学习隔绝在真实生活之外的有形和无形的"墙"，转变学习方式，用泛在学习和项目式学习（project based learning，PBL）等方式，让学习真实发生。

PBL是一种动态的学习方法，让学生主动地探索现实世界的问题和挑战，领会到更深刻的知识和技能，具有智力挑战与成就、真实性、公共产品、协作、项目管理、反思等特点。其主要表现方式是用充满真实、有意义、具有开放性的问题，驱动学生学习，让学生获得自主学习、自由探索的发展空间。

《玩转寒假纪念册》是龙外PBL研究小组的导师们为学生精心设计的寒假学习专辑，内容包含食、行、言、观四个方面：食之自制发酵食品（生物）、行之疯狂为深圳公园打call（地理：设计一张公园浏览路线平面图、一句话介绍公园著名浏览景点）、言之发现身边的历史（历史：采访并记录身边的亲人，由他们口述自己的青春故事）、观之组团看电影（英语：设计中学生喜欢的英文电影类型调查问卷）。学生携手游走深圳，共赴一场寻美之旅，用优美文字记录自己心中的深圳名片；探访南头古城、大鹏所城等数十处历史文化遗迹，走访遗落在繁华市中心的古村落，追寻深圳的前世今生；一笔一画认真描摹传统戏曲脸谱，细致观察美轮美奂的建筑艺术，在生活中发现数学之美……这样好玩的学习项目巧设多种探索模式，让学生走出课堂，把各科所学知识运用到生活中，在玩中学到新知识、新技能。

跨学科学习构建知识的内在联系，扩大知识的容量；开发课程，创新知识的载体，搭建知识融通的多样渠道；转变学习方式，让学习真实发生，"为每个人创造一种将生活的时间转变为学习、分享和养育的机会"。

打通知识的"小房间"，才有真实生活的"知识海洋"。此外，打造具有智能化、课程化、人性化、开放性、审美性、生态性特征的未来学习空间，改革评价体系等，也是构建多维知识体系的重要途径。

少则得,多则惑

我曾听了一节本校三年级的语文公开课,教学内容是一组浅显易懂又妙趣横生的儿童诗。课堂伊始,教师带着孩子们一遍又一遍地读诗,个别读、分组读、范读、男女生比赛读、师生共读,形式灵活多变,学生读得兴趣盎然,眼里有灼灼的光,我也情不自禁地伴着这琅琅的读书声,回忆起儿时水墨画一般的光景。

然而,大家兴致正酣之际,教师开始引导孩子们带着任务去解读另两首诗的诗意,并且要求孩子们利用最后几分钟即兴创作一首小诗。在这个过程中,我注意到有些孩子被突然加快的上课节奏弄慌了神,而有些孩子为了积极地配合老师,快马加鞭地完成学习任务。我心里不禁产生一丝遗憾:原本一节优美、舒畅的语文课,却因为教师追求教学内容的完整性,失去了它丰盈质朴、意蕴酣畅的美,更失去了孩子们眼里的光。

其实,这样的语文课堂并不少见。教师在规划教学目标时,雄心勃勃地列出一点、两点、三点,甚至四五点,并设计了环环相扣、层层递进的教学板块,一心以为孩子们会在这节课上收获满满、大有进益。殊不知,对于大部分孩子,在这样的语文课上,他们难以感受自己扎扎实实地学到了什么,陷入罔且殆的境地,更难以充分地体会语言文字春风化雨之美。

"语文教学的重点应该在审美阅读上,而不是字词与文义的解读上。审美阅读就是生命体验的阅读,生命如何更加美好的阅读。"对于吴正荣教授的这一观点,我深以为然。于教育而言,没有比"美好"更美好的词。在语文教育领域,孩子们真正需要的,是在阅读中感受审美的熏陶与享受,是在体验美好中慢慢成长。苏霍姆林斯基亦感叹:"我一千次地确信:没有诗意的、感情的和审美的源泉,就不可能有学生全面的智力发展。"语文教育除了教学生能正确使用母语,更重要的是让他们在这个过程中诗意地栖息,感受美,懂得审美。

那么,语文教师该如何让学生全身心地浸入这种审美体验呢?

首先,不应过分强调对每个字、每句话的功用性审视,而是应给予孩子们充足的时间与美好的氛围来自由地品悟、积累。每篇文章都应该成为孩子们体验、沟通的载体,让他们在尽情地阅读、朗诵中和自己对话、和作者交流,更能够和周围的一切产生感应。

其次,也是更重要的一点,要给自己的教学设计做适当的减法,减去那些过多的教学目标、复杂烦琐的教学设计,留出时间和空间,让学生自由而专一地沉浸于一篇文章、一首诗之中,做到"一课一得"。

比如,学一首淳朴真趣的小诗,就让孩子们好好地、反复地读,读熟了就闭上眼睛,凭借儿童特有的敏锐想象力,想一想诗里那些活泼动人的画面，想象自己也在那样春风拂面、垂柳依依的溪边戏耍或游泳，再轻轻地背一背小诗的内容。这时候，我相信有些孩子还会不由自主地露出向往的神色与满足的笑容。一节课下来，孩子们背熟了一首可能一辈子不会忘记的小诗，还聆听到了自己内心细微的声音，体验到诗歌营造的意境美，生命底色中更多了一份无法也无须向他人表述的静谧诗意。

"少则得，多则惑"，两千多年前先哲老子的智慧流传至今，依旧振聋发聩。语文教学改革还在路上，道阻且长，而一以贯之的，是让孩子们真正亲近语言文字，提高审美情趣。

语文教师只有从孩子们的生命体验需求出发，重新审视自己的教学设计，才能帮助学生在目标明确专一、充实而不冗杂的课堂上，如沐时雨，如坐春风，一课有一得，带着成就感与美的体验不断精进，成长为更美好的个体！

作业破冰，学生乐起来

爱因斯坦这样理解教育："教育应使提供的东西作为一种宝贵的礼物来享受，而不是作为一种艰苦的任务要他们负担。"

苏霍姆林斯基在《教师应当怎样布置家庭作业？》中指出：课外作业应当是课内学习的发展和深化，是为改善学习能力服务或者为掌握课堂知识作准备。

先哲的话语时常让我深思：在龙外，我们的课程体系有"玉兰花"作支撑，课堂教学有"五I教学"作保证，质量检测有"期末三步曲"作抓手。

那么，作为课堂教学最主要的延伸与补充——作业，该如何突破呢？

制定规则，把作业"管"起来

经济合作与发展组织的调查数据显示，上海15岁青少年平均每周花费在家庭作业上的时间约为14个小时，居全球首位。相比之下，芬兰同龄青少年仅为3个小时，排名垫底。美国同龄青少年平均每周花费在家庭作业上的时间为6.1个小时，列第15

位。相较于其他国家，中国孩子的作业过于繁重且花费时间长。

我在《认真对待玩耍》这篇文章中写道：我们认真对待玩耍，让孩子有时间当儿童，也让他们的世界里有游戏、歌唱与笑闹，这才是美好教育应有的状态。

所以，我们提出小学一、二年级无书面作业，小学其他年级"10点不作业"，初中生"11点不作业"，刚性规定家庭作业的时间底线。

通过调查发现，作业时间总量的多少，既与教师、学生有关，又与家长给孩子布置额外作业有关。

为将作业时间管理落实到位，我们既分学科要求教师设计高质量的作业，又注重和家长的充分沟通，向家长倡议，用"成长第一，熬夜伤身"的呼告来引导家长，用系统周密的作业细则、见微知著的贴心服务表达学校的决心。

专研设计，使作业"优"起来

在龙外，不会设计作业的老师，不是优秀的老师。学校大力推动教师参与作业设计的校本研究中来。

作业设计的校本研究聚焦"作业功能""作业内容指向教学目标""作业适合不同层次的学生""作业形式的丰富性""作业要求具体明确"等核心问题，分专题、分学科开展，倡导教师自主编制作业，合理改编现成作业，由此提炼形成龙外作业设计的实践智慧。

"思维导图"：用思维导图完成知识梳理。以语文学科为例，按照字、词、句、段、篇的顺序，梳理某个单元的易错字、易错词、重点句、须背诵的段落、要掌握的写作方法等。这样的作业，既夯实了基础知识，又提高了学习的兴趣，还起到提高学习效率、增进理解和记忆力的作用。

"漂流周记"：这是语文科组常用的习作布置形式。月月有主题，周周有重点，不仅取材广泛、丰富，而且形式别具匠心。利用小组合作学习的方式，将学生分成四人一组，以一周为循环，每组从第一位同学依次完成习作。同时，注意异质分组，让写作能力强、书写好的学生先写作文。这样，后一位同学拿到"漂流周记"的时候，首先会翻看前面同学的习作，优秀同学的写作态度、思维角度、内容文采、书写字迹等都会为后面写作的同学起到榜样和示范的作用。

"周末棒棒糖"：分年级、分学科每周提供1张特制作业单。一个学科一个学期20张，一个孩子在龙外小学的六年，仅一个学科就有240张左右的周末棒棒糖。以语文"周末棒棒糖"为例，其内容十分丰富：低年级有学习习惯和生活习惯养成的指引，有书写练字的引导，更有亲子阅读推荐的书目和文章；中年级加入古诗词背诵、单篇短文阅读，还有知识的回顾和总结；高年级有学生感兴趣的非连续性文本的阅读，有同一作家不同文章的阅读，有同主题文章的对比阅读，有新闻评论，有电影观后感，还有一些语文学习方法的指引。

例如，低年级学习与生活习惯指引"周末棒棒糖"：一是物品的整理，如抽屉里的书本摆放、书包里的物品整理、每天学习用品的整理等；二是知识的整理，要求孩子养成回顾一天学习内容的习惯，在脑海中如放电影一般不断地放映一天的学习内容。这是一种无形的、重要的整理形式，既可以提取有用的信息加强巩固，又可以在回顾中不断总结方法。

再如，非连续性文本阅读系列"周末棒棒糖"：用语文知识来解决生活中的实际问题。如给出一张车票，要求学生提取相关信息，并制订一项乘车计划；给出一份药品说明书，了解用药的情况，了解更多的生活常识，自己生病时能看懂说明书，知道怎样用药……这样的阅读，学生兴趣浓厚，经过一段时间的训练，阅读能力自然也得到提升。

高度组织化让龙外作业设计的校本研究百花齐放。在龙外，作业不再是让学生陷入大量低水平的重复训练，而是促进学生个人发展的学科认识、生活实践、社会参与等层面的创新落实。

比如，"护蛋行动"作业：小学低段的学生每人一个生鸡蛋，要求把这个鸡蛋当作一个小生命，做这个"蛋宝宝"的"家长"。这旨在让学生通过亲身体验，体会生命的不易，体会到父母、老师培养自己付出的艰辛。一个星期的"护蛋行动"，孩子们想方设法完成"护蛋"任务，及时在《蛋宝宝成长记录表》上记录自己的感受和思考，有悉心照顾的爱护，有用心陪伴的喜悦，也有"护蛋"失败的难过……孩子们用童真讲述"我和蛋宝宝"的故事，真实而有趣。这样的作业与生活紧密结合，让学生动口、动手、动脑，激活了他们对生活的感悟，提升了生活技能。

又如，"护花使者"作业：孩子们领取属于自己的10粒向日葵种子，回家种植，观察向日葵的生长过程，写好观察日记——《向日葵种子发芽记》。他们满心欢喜地松土、播种、浇水，期待着种子破土而出，每天像照顾小宝宝一样，像对待小伙伴一样和幼苗聊天，认真记录着种子的变化。家长们也用照片记录着孩子的成长。在这样细致观察的基础上，孩子们的日记带给老师满满的感动和惊喜：有的说要向种子学习积极向上的精神；有的说要学会坚持；还有的说要有爱心、有耐心……孩子们用自己的体验表达出最真实的情感。

再如，"班史"记录作业：设置"班史"记录本，每天晚上由一个同学把"班史"带回家，记录当天发生在学校、班级、家庭、身边的事情。每天采撷一朵生活的小花，几年下来就汇成孩子们学校、家庭生活的百花园。"班史"中留下了孩子们成长的痕迹，留下了课堂上的欢声笑语，记录下了珍贵的师生情谊、同学友情，定格了那一天、那一刻、那一瞬间的精彩……相信这本"班史"将成为孩子们留给未来的美好回忆。

"落叶不无情，妙手可入画"，这也是一项非常有特色的作业。落叶是秋的顽童，在大自然中捡拾落叶，利用落叶，可描绘秋天的美好图画。孩子们的一双双巧手，使落叶变成丰收的果树、可爱的金鱼、玩滑板的男孩和火红的国旗……生动逼真，惟妙惟肖。这项作业旨在培养学生热爱生活的情操、探索精神和审美能力。

我们重视作业设计的校本研究，努力探索"低负担、高质量"的作业创新发展之路。

提升趣味，让作业"乐"起来

趣味是一种带有情绪色彩的认识倾向，是一种自觉的动机，是对所从事活动具有创造性态度的重要条件。

我们设计、布置的作业能让学生津津有味地去做，不但在作业中巩固知识，还能收获趣味，让作业由负担变为动力，效果自然是事半功倍。

例如，英语科组布置了这样的创意作业：语感输入类作业（听读磨耳、绘本阅读、每周一曲、每周英语动画推荐）、思维导图类作业（知识的初罗列）、每周学习反馈表（知识总结、思维拓展、给家长的话、家长留言等）、英文故事电台（小朋友作主播讲英文故事）、英语趣配音、制作英文小字典等。这样的作业简直把英语学习做成一份孩子们喜爱的水果拼盘，味道甜美而富有营养。孩子们对待作业的态度也从"要我做"转变为"我愿做""我能做""我乐做"，这本身就是对孩子学习的促进。

又如，语文科组的美好与国学（三字童谣创作）、课文故事续写、组织编排表演课本剧，数学科组的发现生活中的数学、制作数学绘本等作业，都是以生动、形象的形式呈现出来的，寓知识的学习和技能的训练于趣味的练习之中，学习的主观能动性大大提升。

每年寒暑假，我们都会开展"创意作业"活动。"创意作业"特别注重"寓教于乐，寓乐于学"的理念，让孩子们在乐学、乐用的过程中加深对学科知识的理解，提高语言、动手、思考等综合能力。作业形式更是多种多样，令人脑洞大开，如介绍一款最喜爱的游戏、自主预习思维导图、喜气猴年红包手工、科学观察实践记录、做一道年夜菜、龙外"好声音"、小小朗读者、春节文化手抄报、乐趣童年打水漂、欢乐悦读假、小小理财师……这些内容丰富、形式多样的作业，为孩子们提供了一个个钻研和展示的平台。

我们还在作息时间、作业批改、过程性评价、考试等方面开展卓有成效的改革，由此保证"作业破冰"的有效联动。

龙外的"作业破冰"仍在路上，从小处看，"10点不作业""11点不作业""成长第一，熬夜伤身"只是一声声呼告；从大处看，我们着眼的是学生的未来、民族发展的未来。

不要让"今天之负"演变成"未来之负"。

行之苟有恒，久久自芬芳

钟南山院士在接受媒体采访时，寄语大中小学生："要学好基本功，语文最关键。"语文是学好其他学科的基础和获得知识的必需技能。从最近几年各大电视台层出不穷的、爆火的语文节目如《中国诗词大会》《中国汉字听写大会》《朗读者》《成语英雄》《见字如面》等，也可以看出越来越多的人领略到了语文独特的魅力。正如叶圣陶先生所说："语文是一门重要的工具学科，是人类语言的基础，所以学好语文是至关重要的。"

作为一个中国人，能够说一口流利的普通话，写一手漂亮的方块字，写一手好文章，养成终身阅读的习惯，这些都是必备的语文素养。这些素养的形成并非一朝一夕，要持之以恒地坚持和培养才行。古语云："行之苟有恒，久久自芬芳"，正是秉承这样的理念。龙外确定了"久久语文"校本课程体系，从习字、积累、阅读、表达、习作、课堂六个方面实施，旨在全面、持久地培养学生形成扎实的语文素养和能力。

"人生聪明写字始"

常言道：见字如面，字如其人。透过一个人的字迹，可以读出他的思想、涵养和气质。1962年，郭沫若就在《人民教育》杂志上题词说："培养中小学生写好字，不一定要人人都成为书法家，总要把字写得合乎规格，比较端正、干净、容易认。"

对学生来讲，写一手漂亮的好字，不仅能磨炼心性，增强自信心，还会对未来的学习和工作起到锦上添花的作用。龙外的"久久语文"校本课程体系把"久久习字"作为首要内容来落实，旨在让学生从小热爱汉字，喜欢汉字，能规范、美观地书写汉字，主动承担起传承我国优秀传统文化的责任。

为了让学生写出清秀俊逸、工稳端庄的字迹，学校从时间安排、教材、师资、资源等方面为老师和学生提供全方位保障。"工欲善其事，必先利其器。"学校为师生准备专用练字本，开发校本书法教材，引进胡一帆老师书写指导视频，并外聘专业书法老师每周安排一节书法课；语文老师则利用语文课和每周三、五的"习字一刻钟"来指导学生练字。

在关注练字过程的同时，注重提升练字的质量，提升学生书写效果。每周老师要对学生的练字情况进行总结，对写得好、进步大的同学，采取喜报、奖状等相应的鼓励、奖励措施，对于有待提高的同学，单独加强辅导。每月、期中、期末举办书写比赛，评选出一、二、三等奖进行奖励，优秀书写作品在班级和全校展出。

"博观而约取，厚积而薄发"

荀子曰："不积跬步，无以至千里；不积小流，无以成江海。"学好语文并非一日之功，没有量的积累便没有质的飞跃。那些承载厚重历史、散发各种人性光辉的古诗文，值得被后人一次次讴歌、一遍遍诵读。

龙外依据《义务教育语文课程标准（2011年版）》的要求，参考教材内容，兼顾各阶段孩子的接受能力，汇编出独具特色的"久久积累"校本教材。该教材专门为每个年级的学生量身定制了要背诵积累的古诗文。依据学生的年龄特点、积累的难度循序渐进，低年级主要安排了儿歌、《三字经》《弟子规》《笠翁对韵》等内容，中年级安排《论语》《礼记》等经典片段，高年级则安排一些毛泽东经典诗词和符合现阶段学生特点的古诗词。这本教材让孩子们在龙外邂逅诗词、邂逅伟大的诗人，开启一场奇妙的诗词之旅，收获一段关于诗词的最美记忆。

2020年突如其来的疫情，也丝毫没有影响孩子们背诵古诗文的热情，老师们把古诗的电子版发给学生，并且利用线上早读时间通过微课等形式指导学生诵读，鼓励孩子们利用居家学习时间多背诵、多积累。有意思的是，日本政府给武汉捐赠的防疫物资上写着"青山一道同云雨，明月何曾是两乡"的诗句，二年级的小朋友们恰好刚刚背诵了二下积累篇目王昌龄的《送柴侍御》。当看到自己积累的古诗在大灾大难面前正传递着温暖，小朋友们的心情该是多么激动。这么动人的巧合，也会更加坚定孩子们积累古诗文的信心。

"问渠那得清如许，为有源头活水来"

当今互联网时代，获取知识极为便捷。但是知识不等于智慧，白岩松说："现在的学生好像什么都知道，几乎什么都不会，很可怕。"学生每天都"暴露"在海量的信息之中，其中的知识看似十分丰富，实则没有深度，常常浅尝辄止。我们还是需要返回到书本进行深度阅读，"为有源头活水来"。

培根在《论读书》中说："读书足以怡情，足以博彩，足以长才。"阅读的重要性无须赘言，统编本教材专家已经明确提出"课外阅读课程化"的理念，对语文老师提出明确要求：把培养读书习惯作为课程主要目标；把读整本书作为语文课核心教学内容。所以，"久久语文"提出"把整本书阅读作为语文第二套教材"的理念并推广实施。

针对学生的年龄特点和心理需求，我们为各年级学生确定了推荐书单，以满足各层次孩子的需求，最终目的是让学生爱上阅读，养成终身阅读的习惯。在引导学生读书的过程中，老师教给学生记读书笔记、摘抄、批注、做思维导图、写读书笔记等方法，并且教会学生阅读时应掌握的思维过程，如归纳、概括、联结、质疑、猜测等，旨在提高学生阅读的质量。

输出是对输入的再次固化。老师们每周拿出一节读书课，或和学生交流读书体会，或是让学生以小组为单位分享读书。语文学科的科组会，每周都会请一位老师和大家分享自己在班级开展读书的情况及阅读收获。

"腹有诗书气自华"

语文的"语"字意为"语言"，指培养学生的语言表达能力。

表达分为书面表达和口语表达。语文课上大声朗读课文,早读时间诵读古诗词,读书课上分享读书收获,这些都是锻炼口语表达能力的机会;学生的习作,班级的电子报刊,班级公众号,记录班史,都可以培养、锻炼、提升学生的书面表达能力。

"久久语文"系列课程,通过各种方式培养学生的语言表达能力。早读时间,倡导齐声诵读,整个教学楼里书声琅琅,背诵的声音此起彼伏,学生精气神十足,以饱满的精神状态开始一天的学习。课前3分钟,各学年根据学生年龄特点,安排"每天一个成语故事""我最喜爱的一本书推荐"等活动,让每个学生都有站在大家面前展示的机会。读书交流课上,学生以小组为单位分工合作,最后在全班展示与分享。例如,《小兵张嘎》读书分享活动中,小组内有的同学负责介绍作者和写作背景,有的介绍每个章节的主要内容,有的介绍小说的主要人物形象。分享时,小组成员和全班同学互相补充,实现思维的碰撞,悄然地培养了学生的语言表达能力。

"笔落惊风雨,诗成泣鬼神"

学生提高成绩、参加升学考试都离不开写作,作文的比重在各阶段的考试中也是逐步上升的。要想学生考取高分,就不能让写作成为他们的短板。另外,写作能力是一个人综合能力的集中表现,写作是思想的表达、情感的抒发,更是沟通的桥梁和语言的延伸。所谓"立功立德立言,三不朽"中的"立言"就是写作。毫无疑问,写作能力是学生很重要的语文素养。

"久久语文"课程体系要求语文老师除了重点讲授教材中语文园地的习作外,还要有针对性地进行习作练习,如针对动作描写的专项练习、针对心理描写的专项练习等。我们正在着手挖掘、梳理教材中每篇课文的读写结合点,使布置的小练笔更有针对性、实效性,循序渐进地提高学生的写作能力。

在指导如何习作的基础上,老师们还采取多种形式鼓励孩子写好作文:有的班级采取轮流日记的形式,四人一小组,每次由一位同学把日记本拿回去写,下一个同学在写的时候,首先看一下前一位同学的内容、字迹等,取长补短,向榜样学习,让自己的习作越来越优秀。有的班级采取佳作赏析的方式,老师从同学的习作中挑选有代表性的情节,或者是开头,或者是结尾,或者是成功的细节描写,打成电子稿,分享给全班同学。老师会照顾到各层次的学生,一些成绩较弱的孩子,哪怕习作中出现一个好句子,也会加以表扬,帮助孩子树立自信,提升对写作的兴趣。

"久久课堂有新意,教学相长两相宜"

"久久语文"的课堂重视语文味,扎扎实实教语文知识,深深浅浅悟人文情感,重在以学生为中心,注重语文体验,建立学生自主探索、合作学习的课堂模式。同时,创设和谐、宽松、民主的课堂环境,从追求学习结果转向追求学习过程,真正把学生当成获取知识、发展自我的主人。如阅读课堂,教师首先通过主题来引导孩子阅读,以不同视角理解同一主题,深化同一情感体验。然后将读写结合,让学生自主探究,抓住文字特色进行仿创、仿写、续写，充分培养孩子独立思考、自主探究以及想象、表达的能力。

"久久语文"课堂也遵循渐进原则，让不同层次的孩子都参与进来，有获得感。如在教学三年级上册的《司马光》时，老师们以读为方法设计梯度目标，从"读故事"逐渐升级到"讲故事"，初读课文要求学生声音洪亮，正确流利；然后由教师示范指导，逐步升级，依次加入"读好停顿""读出标点""读出感情"等要求，最终达到语文课堂人人参与，在朗读中实现陶冶情操、滋润心灵的目的。

"久久语文"课堂还是教学相长的园地。通过教学研究，老师们集思广益、长善救失，一直在探索、改进课堂教学模式，力求找到一种适合龙外老师和学生自主发展的教学模式。在充分研究学生学习规律、阅读心理、课程标准要求，以及大量课堂实践的基础上，结合各学年教学内容、教学目标，我们将"久久语文"课程打造成一个师生共同成长的平台。

语文是需要用一生去学习的学科。"久久语文"是一种教学理念，它明确了语文教学的系统性、全面性，以板块式专项训练促进语文素养落地；"久久语文"是一种学习方式，传递出语文学习的本质规律，是对听说读写的重新认识，需要长期的积累、运用。

学校，请多给教育仪式感

2019年2月17日，这是一个迎接孩子们返校的日子。

清晨，龙外校园如梦幻中的动画世界，中心广场摆放着形态各样的"小猪佩奇"造型板，穿着小猪佩奇服饰的人偶，牵着五颜六色的气球，摆出可爱的造型，挥动热情的双手。大屏幕上的佩奇迎新短片正在循环播放着。

美好校园就像"小猪佩奇"的粉红家园，在欢快、喜庆、创意的氛围中，"龙外小猪佩奇日"（LFLS Peppa Pig day）与孩子们不期而遇。

我站在校门口，身上戴着"小猪佩奇"配饰，左手拿着"小猪佩奇"的玩偶，右手提着装有佩奇糖果的竹篮，化身"小猪佩奇"，满怀温暖等候着孩子们"回家"。孩子们从我身边走过，我就俯下身子，摸摸孩子的头，拍拍孩子的肩，或给他们一个可爱的佩奇玩偶，或发一颗可口的佩奇糖果，欢喜地问他们："看到小猪佩奇，开不开心呀？"孩子们总会兴奋而惊喜地对我说："开心""好玩"。

又如，2021年2月21日迎新日，整个龙外校园都弥漫着浓厚的"牛味"文化：巨幅的"牛气冲天"主题展板上雕刻着气势威武的红色牛头，寓意"鸿运当头"，"金牛送福"字样环绕期间，象征着孺子牛、拓荒牛、老黄牛的"三牛雕塑"栩栩如生，可爱的旺旺"福牛"乐呵呵地向同学们问好……"牛"转乾坤（学生参与体验象征福气的幸运大转盘）、"牛"样年华（在特制相框前记录开学第一天的灿烂笑容）、"牛"鼓喧天（敲击新年牛鼓）、"牛"关来闯（参与牛年文化知识有奖竞答）等活动让同学们惊喜满满。

看到孩子们雀跃的样子，我亦欣欣然。

每一个开学的日子，我都会想：我们要做点什么？要给孩子怎样的新体验？怎样做才能将迎新活动提升到课程的高度？什么样的活动才会给孩子们留下美好的童年记忆？

只有站在孩子的角度思考，全新的答案才会涌现。

辛丑年，我们有"美好有你·犇腾而来"；"佩奇"年，我们有"佩奇美好"；奥运年，我们有"奥运精彩"；新年伊始，我们有"迎春送福，美好相约"；研学季，我们有"双国之礼，相约世界"……

教育起于知识，终于精神，终极目标就是培养身心自由发展、灵魂充盈饱满的人。别出心裁的迎新活动就是给学生带来独特的仪式感，而"仪式，关乎美好、感恩、意义和珍惜"（洛蕾利斯·辛格霍夫：《我们为什么需要仪式》）。

教育的仪式感是我们赋予孩子们精神属性和灵魂高度的最佳途径。我们希望传达给孩子怎样的仪式感，孩子就会接收怎样的价值观。对于某些特定的事件，我们可以通过仪式让孩子感受纯洁与高尚，体验文化的圣洁。

仪式，充满教育的力量。仪式的力量，在于"浸染"，而不是"灌输"。我们希望通过营造一种特殊的氛围，将教育内容融入具体可感的美好情境，进而让孩子们获得真切的情感体验。这样的仪式教育，自然能把每个孩子内心的"神圣""敬畏"等激发出来。

龙外每年的迎新仪式上都有一个固定的环节：旗开得胜，美好开始。由我向新学期刚刚加入美好龙外的一年级和七年级新生授予班旗，孩子们以班级为单位，穿着统一的服饰，迈着整齐的步伐，喊着响亮的口号，走过升旗台，由学生代表从我手上接过班旗。那一刻，学生仿佛身临阅兵仪式，庄严而神圣。

龙外一年级新生每年都有"开笔礼"。正衣冠、点朱砂、击鼓鸣志、感恩鞠躬、启蒙描红等仪式依次进行。通过这些庄重的仪式，让刚入学的小朋友真正感受到入学是人生中的一件大事。学校以此祈愿，孩子们以此作为新起点，坚实走好人生每一步。

每年的九年级学生毕业典礼，龙外都有既创新又相对固化的仪式流程。

明志：种树立石
回首：美好记忆
定制：龙外专属
聆听：美好赠言
感谢：生命有你
传承：美好藏书
见证：盛典时刻
约定：不说再见
……

这些仪式宛如一个个美好的魔法时刻，为孩子们的校园生活添上一抹抹难忘的亮色。

帕森斯指出："（仪式）由社会成员共有的、构成具体社会下面某个特殊'社会'规范要素的终极价值关怀。"陈希良校长也指出：仪式是不断地肯定自己，确认自己和群体的身份、关系性质、层际代际传承的文化理由和人生终极价值意义的，也就是说，仪式是为了把个体或由个体组成的群体从一个身份解释中分离出来，接受另外一个文化身份。

从某种意义上说，仪式感是感知和理解这个世界的第一道门。不同的日子，不同的时间节点，持续创造仪式的惊喜，让孩子们的校园生活充满律动，让平凡的日常生活洋溢幸福，让孩子们感受幸福、拥有幸福，并拥有创造幸福的能力。如果一个孩子从小能够保持仪式感并内化为一种习惯，未来把生活过得诗意美好的可能性将会更大。

我的办公桌上有一幅自画像，那是2015年时七年级的钰彬同学为我画的，我一直幸福地珍藏着。那年我们的散学典礼仪式是"龙外小画家给班主任送画像"。仪式上，30多位班主任收到了这份感动和惊喜。孩子将他们心中班主任的模样描画出来，当他们拿着画像走向各自的班主任时，那一刻，全场掌声雷动。这掌声代表着爱与感恩。这样的一场经历，承载和蕴含的丰富情感自然而然地影响着在场的每个人。

至今，我还记着汪国真的那首《感谢》："让我怎样感谢你，当我走向你的时候，我原想收获一缕春风，你却给了我整个春天。"在散学典礼中，我们把它誊写在"至'扇'至美师生缘"的创意礼物上。一把把印有"至善至美"龙外校训的精美扇子上,孩子们书写着诗人汪国真的诗歌《感谢》,送给时刻关心着他们、用心照顾他们的班主任。一把别出心裁的扇子,凝结着校训理念,传递着温情,不仅让孩子们从中学会爱与感恩,更让老师们感受到尊重和幸福,也让全体师生体会到龙外大家庭的美好。

"世界当然不是指理论上可以认识到的世界,而是在生命的进程中可以体验到的世界。"教育即常道,庄重的仪式就是在一次次强调这些常道,让孩子们感受教育的圣洁与光辉。

"仪式、节日和庆典……使有意义的事情或者伟大的事物能够拥有一种伟大的时刻,获得神圣、庄严与尊重。"这样的教育,会启迪孩子的心灵,使他们的生命与伟大事物联系在一起。这样的教育,不会有外在压力的强迫感,而是自然而然内化为自身的信念与价值追求,成为精神生活极其重要的一部分。

学校要多给教育一些仪式感,使老师和孩子们对校园充满更多的向往,让美好教育绽放出更加夺目的光彩。

附录　美好之访

美好的教育是怎样的

春天的力量，轻柔、隽永而又深沉。

它是小雨如酥、浅吟低唱，

吹面不寒杨柳风，

又能让万物苏醒、生机盎然。

教育的力量又何尝不是如此？

静待花开、滴水穿石、半亩方塘一鉴开，

在优雅与美好中启迪心智、润泽生命。

当春天与教育遇见，最美好的场景就在龙外。

3月22日，当一袭蓝衣的龙岗区外国语学校校长唐文红登上讲坛，语言、思想与情感如春泉汩汩而出、沁人心脾，全区300多名中小学校长、幼儿园园长被深深感染。

一位平淡冲和而优雅睿智的校长，一群活力与情怀满满的教育者,一个精致如艺术品的校园,一种无处不在洋溢着的青春成长的快乐——这是创办六年的龙岗区外国语学校给人们留下的深刻印象。

这里似乎有一个神秘的磁场,让踏足其间的人不禁感慨:生命如此美好,教育如此美好。

思想之美:探寻一种真正关注人的教育

2013年1月,在借用的龙城高中两间小房子里,龙岗区外国语学校的筹建之路开启了。

那是一所定位颇高的学校,附近就是"绿色水晶石"——深圳大运中心。2011年举办的深圳大运会,极大提升了龙岗城区面貌和国际化水平。在2013年龙岗区教育局的工作计划中,建设龙岗区外国语学校,就是打造教育国际化高地的一大抓手。

筹建一所新型国际化公办学校,唐文红无疑是最适合的人选。这位毕业于湖南师大的"湘妹子",从1993年开始就在龙岗工作,当过年级组长、部门主任、副校长,也有过成功创办学校的经验。2010年,参加美国海培回深圳不久,唐文红获委派筹建龙岗区天成学校。60天在美国的"且行且思",让她对教育有了新的视角和深度思考。"以前不管是当年级组长、德育主任还是分管教学的副校长,总感觉关注的还是外在的东西,很少真正关注人的成长。"

那么,真正关注人的成长的教育又该怎样?

"期望我们的课程更美好,教学更美好,受过教育的人们确实因教育变得更加美好!"当寻寻觅觅的唐文红读到母校湖南师大原校长张楚廷教授的这句话时,顿觉醍醐灌顶、怦然心动,"没有比这更美好、更诗意的表达了!"

于是,打造"美好教育"成为近十年来唐文红最重要也最倾心的事业。在她看来,人和生命应该成为教育的哲学基点,美好教育就是顺应天性、培育人性、发展个性的教育。

如果说天成学校两年多的探索孕育了"美好教育"这株小苗,那么,龙外六年之功无疑使这株小苗成长为郁郁葱葱的大树——花果飘香,蜂蝶自来。

在唐文红充满诗情画意的描绘中,这棵大树摇曳多姿又脉络清晰:打造美好教育是愿景、信仰,至善至美是校训,学校的育人目标是培养求真、求善、求美的"美好的人",实施途径则是营造国际味、书香味、人情味的·"美好环境",打造有教育情怀、有开阔视野、有专业理性的"美好教师"队伍,实施高引领、高关怀、高执行的"美好管理",构建涵盖核心素养、着力全面发展的"玉兰花"课程体系,实行"言谈文雅、举止优雅、情趣高雅"的"三雅"德育。

校园之美:有爱与美,才有温度

人是万物的尺度。如果我们认同教育是灵魂影响灵魂的事业,作为教育主阵地的校园,就一定不是冷冰冰的樊笼,必然是鲜活、灵动、充满生命力与感染力的乐园。灵魂在场的校园，虽是同样的亭台楼榭、花草虫鱼，但有了人的观照，一切便已不同。

占地面积 3.64 万平方米、建筑面积 2.24 万平方米的龙外校园，虽地处中心区，建筑崭新而宏伟，但在施工与设计上，并无太多奇特之处。方方正正三栋教学楼围合成三个庭院，楼宇间有连廊沟通。是国际味、书香味、人情味润泽着坚硬的校园，是诗情画意、爱与美，让冰冷的建筑有了温度。在这座龙岗区唯一的儿童友好型学校，不管鸿篇巨著还是短诗小品，都"桃李不言，下自成蹊"。

走进学校正门，偌大的广场尽头，是一个内圆外方的拱门，学校赋名"天圆地方"，寓意：心性圆融通达、做事严谨守正。

典雅茶室名曰"一味轩"，素净食堂取名"知味堂"；"在兹堂"往来无白丁，"无境轩"开卷更有益；"半亩塘"看游鱼戏水，"三角地"慕北大雅集。仔细观察，你会发现这里的"馆"特别多：益清馆、启觉馆、有趣馆，皆清净悠远、窗明几净。闲庭信步，一个个小花园都有如诗般的名字：翠微、枕流、灵犀、寸草、觉浅、栖霞……

更有意思的是架空层开辟出来的三个小小休息间，冠"听雨""听茶""听香"之名。"听雨"尚可理解，为何"听茶""听香"？唐文红说：静能生慧。眼耳鼻舌之外，用心聆听，更能遇见美好，增长智慧。

美是教育的最高境界。"要善于把永恒的美展现在孩子们的面前——第一批春天花朵的开放、幼芽的萌发,第一批嫩草破土,第一只蝴蝶飞舞,第一声蛙叫,第一只春燕飞来,第一声春雷,麻雀第一次春浴……"苏霍姆林斯基关于美育的阐述,让当下远离大自然的教育自惭形秽。

虽身处闹市,面临各种压力,教育还应保留一方净土,正如唐文红所说,学校应该是精神的特区、文化的家园。"我们的空中花园,也有成群的蜜蜂在花丛中嗡嗡地响,玉兰花开在每一个角落,风吹来桂花的香味。'半亩塘'里放几条鱼,也能让孩子们体会到生命之乐。"

课程之美:六大课程群,成就美好的人

有人说,教育是农业,而不是工业。龙外校园一角,有精心打造的未来农业科学馆。据说,这是中国第一家建在校园内的未来农业科普教育体验基地。学生可以在这里种植蔬菜、瓜果甚至中药材,还可以参加沙拉制作等。

"一天一天过去了,我有空的话,会常去看看自己的菜,记录一下新的变化。生命真令人敬佩。看着日益茂盛的叶子,我心里十分欣喜,好像勤劳的农民收获了果实。"这是参加蔬菜种植社团的小学生写下的一段话。

教育又何尝不是如此!你看那些日益茂盛的叶子,不正是学生成长的生动写照吗?促使他们拔节生长的土壤和养料,正是学校教育教学的载体——课程与活动。

阳春三月，我们随机推开初中部一间教室。这是一节英语课，身材高大的外教肖恩·史密斯（Sean Smith）正忙碌地穿梭着。

教室里的学生，四人、六人成组，围坐一起。桌上是一张张纸片，上面分门别类写满了英语单词。跟着老师的节奏，学生们时而对折，时而剪纸，时而粘胶。很快，一本四页纸的笔记本（vivid verb book）就完成了。同学们小心翼翼地合上笔记本，珍藏这45分钟的美好。上课的学生说，他们非常喜欢这种形式的课堂，一学期下来就有了一本自己制作的书。

肖恩有着丰富的教学经验，上他的课，没有统一教材、没有作业、没有考试。他说，单一的英语语法教学从来都不是他想要的。

在肖恩的课堂上，他会把学生拉到操场，玩你追我赶的游戏；会让学生思考生命的意义，写下自己的"遗愿清单"；会让学生评判自己的文章，也会与他们就某个问题争得面红耳赤。"教育的目的，就是培养完整的人，能独立思考、有责任感、热爱生命的人。所有的课程和教学都应该是指向人的。"这位穿着印有"至善至美"校训T恤的外教，有着与校方一脉相承的教育理念。

在3月22日的校长分享会上，唐文红展示的美好课程让人钦羡。玉兰花开，洁白如玉，香如幽兰，它是龙外的校花，也是学校课程体系的名字。

花芯——课程构建的核心，亦即学校的育人目标，就是让学生成为美好的人。

六个花瓣，分别对应学校建成的六大课程群：美·思、美·雅、美·健、美·和、美·德、美·慧。

学校将国家课程与校本课程相融合，长课、短课与微课相结合，打造了丰富、系统、开放的课程体系。在2017年深圳市"好课程"评选中，"玉兰花"课程入选"特色课程体系项目"。

好的课程如何落实？靠教学。经过多年探索，龙外提炼出"五I"美好教学法，聚焦信息（information）、兴趣（interest）、质疑（inquiry）、方法（idea）、智慧（intelligence）五个核心要素，打造出真正以学生为主体、以思维训练为核心、以学习体验为主线的"吾爱课堂"。

活动之美：给孩子留下美好记忆

在唐文红分享的学校活动照片中，有几张让我们眼前一亮：

2016年9月，手捧中国奥运冠军照的孩子的笑脸。

2019年2月，带着佩奇公仔在校门口等待学生的老师们……这是龙外创办以来每个学期开学日都会坚持的"王牌活动"。

"教育成败的关键，就是能否激发学生对于未知的向往和好奇，从而激发他们对生活、生命的热爱，及对时光深深地珍惜。"说起迎新活动的意义，唐文红说，她要打造一座"魔法校园"，让每一个入学的少年、儿童都有这样的好奇：新学期，学校又有什么好玩的东西？

这位学养丰富、知性优雅的女校长，其实并非中文专业出身，而是地理专业的理科生。在她看来，世界就是教材，行走亦是学习。这些年来，龙外学子的足迹遍布美国、德国、奥地利、加拿大。在国内，老师们带着学生走进大自然，走进云南腾冲看满地黄澄澄的油菜花，了解古镇的历史文化，感受世界之大、自然之美、人性之暖。

在校内，常规的课堂之外，各种各样的活动让学校成为学生美好的童梦乐园。

在这里，几乎每个月都有活动主题：三月淑女节、四月绅士节、六月静心月、七月毕业季……以"淑女节"为例，每年三月在二到七年级展开。活动涵括"插花""茶艺""西餐礼仪"，致力于培养举止优雅、言谈文雅的小淑女。此外，每班还会选出"小淑女"候选人。这些候选人会到每个班级进行巡回才艺表演，全程实行民主投票制，由班到年级层层筛选，最后选出全校的"十佳小淑女"。

在这里，一周之内都有不同的节日：周一欢乐庆典日、周二英语大咖秀、周三缤纷社团日、周四健康活力日、周五我型我秀日。

在这里，孩子们得到悉心引导，在各种活动与学习中变得开朗、自信。曾经懵懵懂懂、成绩也不拔尖的柳恰如，形容这里的氛围"美好得像做梦一样"。不久前，柳恰如考取深圳市第一次21校联考第一名。她的妈妈把这归功于学校"美好教育"理念的引领，尤其是班主任彭伟基老师的悉心教导，"只有美好的老师才能带出美好的学生"。

从游之美：最美的遇见成就最美的你

是的，只有美好的老师才能成就美好的学生。没有美好的老师，美丽的校园会变得空洞，丰富的课程如同废弃的食材；没有美好的老师，多好的教育教学设计都无从实施，多好的学生苗子都无法快乐成长。一句话，没有美好的教师，美好教育将变成无源之水、无本之木。

2013 年，龙外还是一片大工地，年轻教师张芳、涂丹妮和王彬在这里相遇了。尽管当时连落脚的地儿都没有，但三人心里充满了希望。"我们就是冲着龙外的美好来的。"三人异口同声地说。当时的她们仅仅是教坛的无名小辈，唐文红校长为什么选择她们？因为她们都有让人温暖的笑容。

"在龙外，我遇见了更好的自己。"张芳已有十年教龄，到龙外时是她当教师的第四年，刚成为教坛新秀。但在龙外，她却只用了短短一年就拿下了其他人要花五年时间才能评上的"骨干教师"称号。

柯盈莹至今仍对 2015 年在龙外上的第一堂课记忆犹新。"那是我精心准备的一节课，孩子们的课堂表现非常好，互动也很热烈，但课后却被带我的师父批得一无是处。"柯盈莹说，师父在"批判"之后，手把手教她设计课件、组织语言，让人幡然醒悟。

在龙外，每位像柯盈莹这样的新老师都会有资深教师结对帮扶，平均每年结成 20 对对子。学校基本上每周都会有一节公开课，每个老师轮流上，早上上课，下午评课。有问题，同事们都会不留情面地指出。

正是在这样"挑剔"的氛围中,年轻老师迅速成长。"学校要求老师有教育情怀、有开阔视野、有专业理性。每学期末,学校会给老师发书,要求大家读书并写读书笔记。毕业未满三年的年轻教师,每个月都要写读书心得。"初二语文老师涂丹妮笑着说,学校每学期举行的读书分享会,连体育老师都要参与分享,而且还讲得有模有样。

"我还在寻找,夏商周秦还有西东汉;魏蜀吴三国西晋东晋……"大家尝试用《小酒窝》的曲调唱出这些历史词汇。两年前,刘锐调到龙外教历史的目的很简单:离家近,方便照顾家庭。但让他没有想到的是,在这里,他干了一件早就想干但一直没干成的事:印制《唱着歌就把历史学了》。这本校本教材将初中所有的历史知识和考点融合到《小苹果》《童年》等孩子们耳熟能详的曲目中。颠覆传统的创新,获评2016年深圳市中小学"好课程"。

"来龙外前,这个想法只存在于文档中。当我把这个想法告诉唐校,她在极短时间内给我肯定的回复。不到两个月,小册子就印制出来了。"刘锐感慨,在龙外,只要教师有专业发展需求,学校就会搭好平台、成就奇迹。

另一个奇迹发生在音乐教师邹莹身上。作为龙外的创校教师之一,邹莹于2015年9月获得广东省中小学音乐教师技能大赛第一名。同年11月,她更是成功斩获全国第七届中小学音乐教师基本功大赛全能一等奖,为新生的龙外赢得巨大荣誉,也为一批又一批新龙外人树立了标杆。

在2016年年初的一次演讲中,唐文红校长以"最感动"概括邹莹"用生命跳舞"带给她的触动。"这样的坚持和努力,这样的谦逊和好学,让邹莹最终站在了梦想舞台的最高点,成为龙外教师追求至善至美的典范。"在她看来,只要老师们热爱教育事业,坚定教育信念,将学习、研究创造变成自己教育生命的常态,都可以成就最美的自己。

"学校犹水也,师生犹鱼也,其行动游泳也,大鱼前导,小鱼尾随,是从游也,从游既久,其濡染观摩之效,自不求而至,不为而成。"清华大学原校长梅贻琦的这段精彩比喻也是唐文红信奉的教育格言之一。她重视教育的所有细节,把学校变成一个美好的磁场,一切都将因此慢慢改变。在对老师体贴入微这件事上,龙外是认真的。每天下午4点半放学后,学校工会会安排照管教师子女,外教还会义务辅导孩子们的英语学习。

"唐校会经常给我们展示她给家人包的五彩饺子,三八节找专家教老师们学插花。"涂丹妮说,学校之所以这么做,就是要老师们在顾好"大家"的同时,也照顾好自己的"小家",而且以自己对生命的热爱和对生活的情趣改变、影响自己及周围的人。

相伴之美:一个灵魂唤醒另一个灵魂

采访"李天王"的时候,讲到动情处,这位龙外校领导不禁红了眼眶。

出生于1983年的李细林，嗓门大、气场足、有魄力。这样的老师，无疑最受学生的欢迎。他喜欢喝茶，每次上课都带着个装茶叶的保温杯，颇有托塔李天王的范儿，久而久之，"天王"的外号就在学生中传开了。

别看这小小的爱称，里面可饱含着学生对他的崇拜。因为办公室离教室比较远，每到上课前，不少学生会"主动请缨"来办公室帮他拿书本、教具，远远看去，一群学生簇拥着他，真的有点儿"天王"的感觉。快到教室门口，还有活泼的小孩大呼"天王驾到、天王驾到"，让人忍俊不禁。

作为龙外的创校者之一，李细林无疑对这里的一草一木、一师一生充满感情。学校刚创办，他给四年级的小学生上数学课，三年后，孩子们毕业了。"在宣读毕业生名单时，看着这批带了整整三年的孩子，我的眼泪忍不住落下来了。"

唐文红也有着类似的感动瞬间。学校里有一个单亲家庭的男生，多动之外，常常控制不住情绪，一次甚至因为发脾气向人群里扔鞭炮。了解到这些情况，唐文红每天在校门口迎接孩子时，只要看到他，总要关心地问询他几句，摸摸他的小脑袋。日子久了，每天入校时，小家伙会主动跑到唐文红跟前，"汇报"一下自己的小进步。

"你相信吗？就在不久前，他在升旗仪式上作了一次精彩的演讲。看着他谦和有礼地上台，自信大方地作完演讲，我几乎要流泪了。"说起这事，唐文红满是温暖笑意的眼里，再次涌起对孩子们深沉的爱与关切。

这就是美好教育的样子，就是美好教育的价值——通过爱与真情，影响一个生命，让他找到真正的自我，成为"美好的人"。

"创办龙外这几年，我把所有的情怀都寄托在这所学校，把我对生命的理解、对人的关怀、对世界和生命的热爱都放到这所学校了。若干年后，我希望孩子们能自豪地讲，龙外是他的母校，他在这里留下很多美好的记忆。"

唐文红正在写的一本书，就叫《所遇美好皆教育》——在龙外遇见美好的人，美好的教育。

友好校园，美好教育

——龙外"儿童友好型学校"创建纪事

"一个明智政府在城市所有方面全面履行儿童权利公约的结果，不论是大城市、中等城市、小城市或者社区，在公共事务中都应该给予儿童政治优先权，将儿童纳入决策体系中。"1996年，第二届联合国人居会议上提出的这一原则，催生了一个影响深远的全球项目——"儿童友好型城市"（Child Friendly City）建设。

2016年1月，深圳市委六届二次全会报告中就出现了"建设儿童友好型城市"的表述，成为全国第一个将"儿童友好型城市"建设纳入顶层设计的城市。其目标是在2020年获联合国儿童基金会"儿童友好型城市"认证，并于2035年实现儿童友好型社区、儿童友好型公园、儿童友好型学校和儿童友好型医院全覆盖。2018年，龙岗区启动"童融友好·共创未来"儿童友好型城区建设，创新增加儿童友好型园区共七大领域，并全面开展建设。

日前，深圳市妇儿工委和深圳市妇联申报的"深圳创建儿童友好型城市项目"，从全国330个申报项目中脱颖而出，一举夺得首届"中国城市治理创新奖"的最高奖项——优胜奖。

友好与美好相遇

在一座"儿童友好型城市"里,学校、医院、公园等应该是什么样子的?

尤其是在儿童成长的关键场——学校,"友好"应如何构筑?

校园里如何实现"一草一木总关情"?

如何让课程与活动如阳光雨露,润泽生命?

如何为孩子们营造离心灵最近的家,用心倾听他们的浅吟低唱,用爱关注他们的一颦一笑?

作为区内第一所"儿童友好型学校"试点创建学校,龙外用一年多时间,在本已广阔的"美好教育"沃土上,播撒"友好种子",为学生构建了"友好又美好"的校园、课程与活动,呈现一派盎然生机。

友好与美好的相遇,看似偶然,实则必然。在创校校长唐文红看来,人和生命应该成为教育的哲学基点,美好教育就是顺应天性、培育人性、发展个性的教育。这一"立校之本",与联合国儿童基金会倡导的"儿童优先"理念如出一辙。正是这种高度耦合,"儿童友好型学校"在龙外的推进下,快速顺畅发展,成效显著。

在市、区妇联和区教育局指导下,学校专门制订《儿童友好型校园实施方案》,成立工作领导小组,由唐文红校长担任组长,另3位校领导担任副组长,还有来自团委、少先队、学生成长部、课程教学部、行政服务部、信息与安全中心等部门的10多位成员。领导小组定期开会,以儿童立场、儿童视角对文化建设、课程设计、活动组织、教学实施、儿童心智成长关爱中心建设等工作进行全方位的梳理和优化。

经过一年多努力,本已精致典雅的校园多了几分童真童趣;量身定做的课程与活动,为学生提供成长与展示的平台;在学校的日常决策中,也有了更多"小主人"的身影……一个政府主导、学校主体、儿童参与、家校共建的"儿童友好型学校"建设机制,已然形成。

把讲台变成舞台

"所谓大学者,非谓有大楼之谓也,有大师之谓也。"清华大学原校长梅贻琦这句话生动阐释了校园软实力的重要性。

诚然,校园硬件也非常重要,但比建筑物和教育教学设备更重要的,是这些"物"的存在是否以"人"的发展为依归。有些学校虽富丽堂皇、装备先进,却是一副冷冰冰的面孔。灵魂不在场,多好的环境与设备都是枉然。

如何赋物以情感和生命?儿童友好、人本立场,就是"点睛之笔"。

在龙外,小学部卫生间的洗手池被改造得矮矮的,每个小学生都够得着。墙面贴的瓷砖也有讲究:男卫生间披上理性的蓝绿色,女卫生间则是温馨的橙黄色。

学校少先队辅导员童昶老师说,以前散落校园的各处景物,有些没有名字,有些又太拗口,老师、家长和学生们合力赋予它们全新的形象与意义:天圆地方、三角地、半亩塘、听雨、枕流……

小小的花园里，一列装满鲜花、有五个车厢的"火车"格外引人注目。这是学校花工特意为孩子们打造的"梦想专列"。

这里的图书馆，不仅是书籍的海洋，也是孩子们流连忘返的乐园。木地板上铺着干净美丽的地毯，孩子们可以坐在上面看书。"海洋"的支流还延伸到校园的每个角落，架空层、走廊、某个不起眼的转角都有大小不一的图书角，润泽每一个渴望阅读的生命。

教学楼的楼顶也不是一块空荡荡的水泥板，这里有花有草，有会呼吸的绿植墙，有"海绵系统"，有可以开party的"空中花园"。

学校食堂一侧，还专门建了"家政室"。家长和老师可以在这里开设颇受欢迎的烹饪课。据说龙外著名的"彩色水饺"就是在这里"发明"的。

以黄丽珍老师担任班主任的二（3）班为例，班牌、告知栏都以绿叶为背景，一盆盆绿萝整齐地摆放着，卷帘布也设计成花瓣形状。更让人暖心的是，教室空调下端还装着一个"托盘"，防止滴水，也避免凉风直吹。

龙外的每个班级都有自己的"文化图腾"，如蒲公英、海星、贝壳……一个个美丽的意象渗透进教室里。

仔细一看，教室里没有高高垒砌的讲台，取而代之的是居中的"舞台"。一位女生站在C位展示，老师在学生中穿梭，另一位同学则担任"助教"一职，手里拿着定制版的蒲公英贴纸，哪位同学表现优异会及时得到奖励。

友好课程，如花绽放

六七岁萌娃患上"上学恐惧症"，各种借口躲避学校；开学第一天，小学新生家长像失恋般在校门口徘徊，或透过栏杆紧张窥探……每年9月，伴随新学年的开始，许多小学校园会上演这"悲情一幕"，让人哭笑不得。

但在"儿童友好型学校"的龙外，这样的情况不会发生。摆在我们面前的，是一本印制精美的绿皮本子——《我上一年级了》。这是每一个入读龙外的小学生都可免费获得的册子。

"开学第一周，我们就给新生上这个'始业课程'。"小学一年级级长张莎莎介绍。五天的课程里，班主任会带孩子们走访校园：哪里可以去，哪里不能去，哪里上厕所，哪里吃饭，还会逐一介绍老师和课程，告诉他们上学的礼仪、着装的要求、作息的习惯等。

在开学前一天，学校会召开家长会，从宏观的介绍到各种日常提醒，事无巨细地向家长阐明。所有工作的铺垫，都是为了让孩子们第一时间爱上这个乐园。

如果说始业课程是唤醒生命的第一缕春风，那么，整个龙外课程体系的构建就如同四季常青的玉兰，伴着孩子们走过每一个春夏秋冬。

龙外一年级的校本课程，就有一个如诗如画的名字：朝露玉兰。这个体系里有四大模块：花语、花香、花絮和花悦。

花语，是指各种各样的主题活动：元宵佳节猜灯谜、吃汤圆，端午节包粽子，家政课上学习烹饪、插花、包饺子……

花香，是指百花齐放的融合课程。端午节到了，老师们商量好给学生一个"粽情端午"：班主任带大家"寻端午"，美术老师带大家"迎端午"——画龙舟、做香囊，音乐老师带大家"唱端午"，语文课上"诵端午"，体育课上"庆端午"……

花絮，让孩子们"飞"出校园，拾翠踏青，走进社会。每学期一次的远足，让孩子们充满期待。

花悦，因为有你更美好。家长们走进教室，带来别开生面的手工课、职业认知课、品茶课、书法课、烹饪课等。

学校层面，对于儿童友好课程的构建有更宏观的思考。以儿童为出发点，龙外着力打造适合孩子的丰富课程和快乐教学，成就"会优雅生活、会友好相处、会智慧求知"的美好的人。以此为花芯，六大花瓣自然绽放：美·德课程群、美·慧课程群、美·思课程群、美·雅课程群、美·健课程群、美·和课程群，从六个方面提升学生核心素养。

在龙外的孩子们看来，学校仿佛是哆啦A梦的百宝箱，能开设他们喜欢的、需要的每一个课程：

龙外有几十个社团，充分满足了我的兴趣，连我最好奇的高尔夫社团都有！

韩语、日语、俄语、西班牙语，这么多课程，能让我们站在新的高度学习语言！

各种社团自由选择，让原本学钢琴的我，能有和别人一起在管乐团合奏的机会！

成长路上，且行且歌

学校的愿景，是让孩子们在这里感受爱与关怀，自由、快乐地成长。"若干年后，他们能满脸幸福地说，龙外，是我的母校，给我留下很多美好的记忆。"

"美好的记忆"来自哪里？阳光灿烂的校园，思绪飞扬的课堂，相亲相助的师友，这些都很重要。但更重要的，可能还是那些丰富多彩的活动，那些且行且歌的青葱岁月。

多年后，曾经熟识的知识点、必考点或已模糊，但第一次上台的紧张与兴奋依然清晰；多年后，班上同学的名字或难全部记起，但为某个重要比赛日夜奋战的经历却难忘怀；多年后，大考小考的成绩多已淡忘，但第一次包饺子、第一次收获果实的成就感，依然振奋人心。

其实，龙外激励孩子们向上向善的"内部粮票"还有很多：在家政室里包饺子，在学校电影室看一部自己喜欢的电影，跟老师一起享用下午茶……

之前，龙外的老师们还精心制作了一本"龙外美好存储手册"。孩子们有好的表现，校长、老师、家长都可以及时给他们贴上贴纸，积累到一定数量，便可到学校兑换笔记本、纪念笔、水杯、笔筒、背包……

这个名为"美好兑兑吧"的活动，激发了所有孩子的热情。"我比以前更爱发言了，因为可以集贴纸，换我心爱的书包！有了兑兑吧，我又有上进的新动力了。"郑好说。

唐文红校长还透露了一个让孩子们惊喜的消息，不久的将来，学校将有一部真的"巴士"，孩子们可以在巴士上兑换奖品！

各种各样的奖励，各种各样的活动，其目的是一致的，那就是让孩子们真实而及时地感觉到，成长是一件快乐的事，是一件被期待、被祝福、被肯定的事。

"我们要以儿童参与为切入点，积极搭建促进孩子自主发展的平台。"在唐文红校长列出的清单中，龙外的活动还有很多：三月淑女节、四月绅士节、五月科技节、六月静心月、七月毕业季、八月学术交流月、九月雅言雅行月、十月学科主题活动月、十一月读书节、十二月文化节……

尤其暖人心房的，是每年都会举行的"开学迎新"活动。校长带队，老师们站在校门口或广场上，以最动人的姿态迎接焕然一新的孩子们。羊年用"喜洋洋"主题，奥运年是满满的体育元素，猪年则紧跟小猪佩奇热潮，给孩子们送玩偶和棒棒糖，"佩奇"美好！

这就是一所美好又友好的学校应有的样子。多年后，当我们翻阅龙外的时光相册，触目所及，是一张张笑脸，是一双双"剪刀手"，是一个个成长路上美好动人的瞬间。这样的记忆或许比成绩要宝贵得多。

你说，我们在听！

亲爱的学长/学姐，离中考仅剩三个月了，现在最重要的是身体哈！

初中三年，或许你走得太过慌张，太过匆忙……

一张张美丽的小卡片上，是学弟学妹们清晰俊美的笔迹及温馨的祝福。这是今年3月龙外儿童议事会提议并开展的一场中考祝福卡活动。

"那天，初三的学生刚好集体外出，回校后看到每人桌面上都有一张加油贺卡，都感动得不得了。"学校团委书记邹莹说。

龙外的儿童议事会，是在2018年9月成立的学生组织，小学和初中各有一个。学生们通过激烈的竞选，成为议事会代表，还设计了专属的议事会标志，拟定规范的工作机制。代表们会给每位学生发放意见征集卡，并将意见汇总、筛选出来，向学校相关部门汇报。

"对于学生的意见，我们都会认真倾听、采纳。儿童友好型学校，就是要多把空间给孩子们，让他们'搞'事情。"邹莹笑着说。

于是，在孩子们的建议下，洗手池的高度调低了，每周一天的自由着装日实现了，学生发声的平台越来越多。比如，收集各方面意见的"校长信箱"；又如，一月举行一期的"美好论坛"，类似TED的形式，由去贵州支教的初中生分享，或由考上深中的毕业生回校演讲；再如，主题越来越宽泛和犀利的"国旗下的演讲"，用邹莹的话说，"充满学生力"。

是的，在这里，成长不仅被关注、被支持、被鼓励，还被尊重！

"对学生的尊重，不仅仅是说说而已，一定要行动，第一步就从弯下腰,和学生同一个高度开始。当你和学生在同个水平线,平视他的眼睛,你能从学生眼里看到不同的世界,那里盛满的是信任、尊重,是美好与爱。当老师用不同的视角看学生,也能有新的收获。"唐文红充满感情地说。

得益于"儿童友好型学校"项目的支持,这种尊重有了更坚实的基础。由龙岗区妇儿工委、区妇联联合龙外成立的全区首个"儿童心智成长关爱中心",就是一例。

深圳的中小学基本都配备了心理咨询室或辅导中心,在此基础上升级建成的"儿童心智成长关爱中心",空间更大,设施更完备,师资更强大,所提供的服务也更全面和专业。

"我们中心除了两位专职心理教师,还引进了一位专职特教老师。"中心负责人吴锡慧说。随着学校快速发展,生源不断增加,一些有特殊教育需求的学生偶尔也会出现。这也是学校配备特教教师的原因所在。

中心分室内、室外两大区域。阳光明媚的室外区域,有泡沫垫,有公仔,有图书,常能吸引孩子们在这里停留。室内区域有心理干预探究室、身心反馈室、心理与脑认知探究室等。学生们可以通过沙盘游戏测试心理情况,使用身心反馈仪调节情绪,通过脑波灯训练专注力。

中心还肩负起至关重要的家长教育工作。不管小学、初中,每个年级的家长,都必须上家长必修课(讲座),选修课(工作坊)则由家长根据需求自主选择。课堂之外,学校还为家长们编印了《美好父母》《初三,和孩子一起走过》等读本。

连日来,整个深圳为那位被高空窗户砸中的5岁小孩哀恸。

这是一个大爱的城市，但也不得不承认，在保障儿童的安全、健康与幸福等方面，我们还有太多的事情要做。

毫无疑问，打造"儿童友好型城市"，学校将发挥至关重要的作用。为孩子提供安全、温馨、友好的环境；用心聆听并满足每个生命的成长所需，而不是程式化的训导和"填鸭式"的灌输；以培养真善美的未来社会公民为指向，而不是以冷冰冰的分数为依归……这些都是"儿童友好型学校"的应有之义。

我们高兴地看到，在追求"美好教育"的龙外校园里，生命、生活、生趣始终是一切行动的准绳和方向。我们相信，随着"儿童友好型城市"建设的深入推进，越来越多像龙外这样友好而美好的学校，将绽放在城市的每个角落。

（以上两篇访谈发表于"名师说"微信平台，采访者为"名师说"团队的庄树雄、peki）

后　记

感恩所有美好的遇见

春暖花开，南国的叶子又绿了。那娇翠欲滴的绿，是希望的感召，又是祥和的象征。龙外人都喜欢那片绿，一如深深地眷恋着这片土地。

今年是我从教的第 33 个年头。

在中国文化中，"道生一，一生二，二生三，三生万物"，33 由两个"三"组成，谐音和寓意便十分美好：生生不息。

如何"生生不息"？

用生命影响生命、成全生命。灵心感悟、慧眼观察、妙笔生花，用文字记录过往，把发生的故事记录下来，以纸为舟，以笔为桨，思接千载，神游万仞，也算是一种"让生命抵达远方"的方式。

于是，我便起心发愿，要在自己从教的第 33 个年头出版一部教育作品。

"世间的一切,都是遇见。"每个人的一生都会遇见一些人、一些事,这些人、这些事或多或少地改变着我们的人生。

人与人遇见就有了生命,人与教育遇见就有了永恒。于我而言,正因为有了这些遇见,才有了成书的可能。

醉过方知酒浓,爱过方知情重。从教33载,年华流转,唯有情字难忘。师生情、朋友情、教育情,把那些单薄抑或丰满的日子串起来,使我清晰地看到了那条岁月流动的弧线。

感恩遇见母校湖南师范大学原校长张楚廷。2009年,组织提前告知我下一年要到天成学校履职,担任该校创校校长。得知这个"使命",那一年我都在思考,在寻觅"好的教育"。我阅读了很多书籍,比较古今中外教育思想,有一天,无意中阅读到张楚廷校长在《课程与教学哲学》中的一段文字:"期望我们的课程更美好,教学更美好,受过教育的人们确实因教育变得更加美好!"

当时看到,顿觉醍醐灌顶、怦然心动,"没有比这更美好、更诗意的表达了!"于是,"美好教育"就这么在我的心中生根发芽,成为我生命的一部分。

感恩遇见端然教育创始人包祥校长。2010年,我担任天成学校校长后,继续通过各种途径探究"美好教育"。朋友推荐了包祥校长的著作《教育原来如此美好》。我买回来细细品读,书中的理念与我若合一契。就这样,我与包祥校长因书结缘。

2013年,我担任龙外创校校长。开学第一天,我请包祥校长来龙外,与他在校园里行走。行走时,包祥校长没有多言语,他温和地微笑着,看到孩子们就主动问候,看到地上有垃圾就弯腰捡起……关于学校管理，他告诉我四个字：干净有序。从他身上，我领悟到包容祥和、遵循自然、化繁就简、返璞归真、大道至简等大智慧。

感恩遇见玉溪师范学院吴正荣教授。吴正荣教授在生命哲学、心理学、教育学方面造诣颇深，他所倡导的大生命观、大教育观、大心理咨询观，包括生命价值观概念下的禅修生命体验实践等，对我启发很大。每次与吴教授交流，他对生命的透彻理解以及对生命教育的深刻感悟，都深深地影响着我，使我对生命关怀有了更深层次的思考，对美好教育有了更好的凝练。

感恩遇见《中国青年报》原记者李斌。他思维敏捷、博览群书，对中西方教育有深刻的洞见和观察。多年教育记者的工作经验，使他独具教育的敏锐性和实践性，给我很多实质性的办学建议。

诗哲纪伯伦说过："走在圣殿阴影下、行于其追随者中的导师，传授的不是他的智慧，而是他的信念和爱。"教育者就是引渡人。感恩在我成长过程中遇见的众多领导、师长、亲朋及龙外的师生、家长们，感谢你们无时无刻给予的支持与鼓励，为了引渡之旅遮风避雨、保驾护航。

感恩刘铁芳教授，感谢他的思想给予我的影响，拜读到他的著作《什么是好的教育》，相见恨晚；感谢他用心为我的书写序。感谢编辑朱永通老师，从书名到书号，从封面设计到标点修改，字斟句酌，事无巨细。他点滴而辛勤的付出，让我的谢意无法用言语表达。

感恩在我成书过程中给予我帮助的刘洋、曾崇州、晏杭丽、陈杰……虽不能一一列举,但我都会记于心,一并表示诚挚的谢意。

感恩我亲爱的父亲唐廷柏,虽然您已在天堂,但我从未失去与您的生命联结,时刻牢记您对我的教诲:"要做一个温柔善良且内心强大的人,对人善良、对生活乐观、对工作热爱。"感恩我的丈夫谭三科、儿子谭皓,你们是我生命中最重要的人,为我筑起最温暖的家庭港湾。我之所以成为我,一切都与你们密不可分。

我珍惜,生命中这些美好的遇见。

心理大师荣格说:"人类存在的唯一目的,是在纯粹的自在的黑暗中,点亮一盏灯!"

我希望,能积攒更多的光,去照亮更多的生命;让每一次遇见,都成为生命的遇见、美好的遇见!

风正潮平,正当扬帆破浪;任重道远,更须策马加鞭。我们终究会穿行在历史的经纬中,担负起自己的使命,迎着光、朝着美、向前行。

愿所得皆所期,愿所有的美好不期而至。

图书在版编目（CIP）数据

所遇美好皆教育/唐文红著．—上海：华东师范大学出版社，2021
ISBN 978-7-5760-1633-8

Ⅰ.①所… Ⅱ.①唐… Ⅲ.①教育工作—文集 Ⅳ.① G4-53

中国版本图书馆 CIP 数据核字（2021）第 071182 号

大夏书系·教育新思考

所遇美好皆教育

著　　者	唐文红
策划编辑	朱永通
责任编辑	任媛媛
责任校对	杨　坤
封面设计	奇文云海·设计顾问

出版发行　华东师范大学出版社
社　　址　上海市中山北路 3663 号　　邮编　200062
网　　址　www.ecnupress.com.cn
电　　话　021-60821666　　行政传真　021-62572105
客服电话　021-62865537
邮购电话　021-62869887　　地址　上海市中山北路 3663 号华东师范大学校内先锋路口
网　　店　http://hdsdcbs.tmall.com/

印 刷 者　北京季蜂印刷有限公司
开　　本　640×960　16 开
插　　页　1
印　　张　14.5
字　　数　156 千字
版　　次　2021 年 6 月第一版
印　　次　2024 年 7 月第八次
印　　数　20 101-22 100
书　　号　ISBN 978-7-5760-1633-8
定　　价　49.80 元

出 版 人　王　焰

（如发现本版图书有印订质量问题，请寄回本社市场部调换或电话 021-62865537 联系）